JN290075

教える前に確認しよう!

Essentials of Japanese Grammar for Teachers

日本語文法の要点

富田英夫

くろしお出版

Copyright © 2007 by **Hideo Tomita**

All rights reserved. No part of this book may be reproduced, stored in a retrieval system, or transmitted in any form or by any means, electronic, mechanical, photocopying, recording, or otherwise, without the prior written permission of the publisher.

First edition : MAR 2007

Cover design : Kazuhiro Orihara

Published by **KUROSIO PUBLISHERS**
3-21-10, Hongo, Bunkyo-ku, Tokyo 113-0033, Japan
Phone: 03-5684-3389 FAX: 03-5684-4762
http://www.9640.jp/

ISBN978-4-87424-371-8
Printed in Japan

はじめに

　本書は、長年アメリカで大学生及び大学院生に日本語を教えてきた著者が最近の言語学研究の成果をふまえて書いたものです。日本語文法に興味のある人、大学で日本語学や日本語教授法を勉強している人、またすでに教え始めている人で、やや詳しい文法解説が必要と感じている人などを主な対象としています。本書は以下に述べる3点を念頭に置いて書きました。

（1）　教えにくい類義表現の詳しい解説
　助詞のハとガ、授受表現、モダリティ表現(ハズダ、ニチガイナイ、ミタイ、ラシイ、ヨウダなど)、条件表現(タラ、ナラ、ト、バ)などは学習者にとっては難しく、また教師にとっても教えにくい文法項目です。本書ではこのようなトピックに多くの紙面を割いて詳しく説明しています。

（2）　記憶しやすく、再現しやすい学習に導く解説
　記憶を取り出しやすいように知識を整理して保存することは、優れた情報処理の基本と言われています。学習者にとって覚えにくい表現は、できるだけ視覚化して提示するようにしました。例えば場所の表現では「PLACEにあります」と大きくとらえてから［PLACE］内部の構造(＝Referenceのplace word)を視覚的に提示すると、学習者は助詞使用の混乱を避けながら覚えることができますし、後になっても容易にパターンを思い出すことができます。
☛ 場所表現については8章1節参照

（3）　学習者の視点から見た疑問に答えられる解説
　まず下の例をご覧下さい。

「昔々、ある所におじいさんとおばあさんがいました。ある日、おじいさんは山へ芝刈りに行きました。おばあさんは川に洗濯に行きました。」

　上の例で、助詞のガは新情報を表わしハは旧情報を表わすと言われます。これはある特定の文脈で使われている助詞の機能を説明したものと考えられます。さて、同じ助詞の問題を学習者の視点から考えてみましょう。次の文は助詞の

はじめに

部分だけが穴埋めになっていることを除けば、上の文と同じです。

「昔々、ある所におじいさんとおばあさん（ 1 ）いました。ある日、おじいさん（ 2 ）山へ芝刈りに行きました。おばあさん（ 3 ）川に洗濯に行きました。」

先の完成された文中での助詞は順にガ－ハ－ハでした。しかし、上のように穴埋めとして見た場合、ガ－ガ－ハとすることも全く不可能ではありません。(1)はガ以外は考えられませんが、(2)の場合ハでなければならないとは言えません。もしそうであれば、この場合ハとガではどう違うのでしょうか。こうした疑問はすでに助詞が入っている文からは得にくいもので、従来の参考書ではあまり問題にされませんでした。しかし、学習者が作文をする時にはいつも、どちらの助詞を使うのかを考えなくてはなりません。従って、学習者の視点から見るとごく自然な疑問です。本書はこのような視点からの疑問にも広く答えられる一般化された説明をめざしています。

上の(2)の場合、ハを入れれば「おじいさん」と「おばあさん」を対比した最も典型的な描写になります。また、ガを入れると「おじいさん」に焦点をあてた描写になりますので、ややドラマチックな場面転換などを意図する時に使われる表現と言えるでしょう。このように、(2)におけるハとガのニュアンスの違いはガの焦点機能から一般化して説明することができます。

☞ ガとハについては5章「助詞」の第5.6節参照

学習者の視点は、上のように私たちの盲点を突くような興味深い問題をしばしば提起してくれます。本書は学習者の視点から従来の文法説明を見直し、発話の動機がよくわかるような解説に努めました。

上の方針に加えて、各章の最後の節には「指導上のポイント」が添えてあります。これは、教室指導の実際について簡単にまとめたものです。学習者のつまづきやすい点などについても触れていますので参考にしていただければと思います。

目 次

序章　日本語を教えるための基礎　1

- 1. 学習者がわからないこと　1
- 2. 日本語文の概観　4
  - 2.1 文の意味的二大成分　4
  - 2.2 命題の必須成分　6
  - 2.3 文法カテゴリー　9
    - 2.3.1 ヴォイス　9
    - 2.3.2 アスペクト　10
    - 2.3.3 肯定・否定　11
    - 2.3.4 テンス(時制)　11
    - 2.3.5 モダリティ　13
  - 2.4 文の素材としての品詞　13
  - 2.5 モダリティ表現の素材　15
  - 2.6 単文と複文　15
  - 2.7 用語のまとめ　16
    - 2.7.1 品詞　16
    - 2.7.2 文法的成分を表す用語　18
    - 2.7.3 語の構造を表す用語　19

第1章　日本語とはどんな言語か：学習者への日本語概論　21

- 1.1 言語音の特徴　21
- 1.2 表記の特徴　23
- 1.3 文法的特徴　25
- 1.4 談話レベルの特徴　27
- 1.5 社会言語学的特徴　28
- 1.6 指導上のポイント　29
- 第1章 まとめ　30

目次

第2章 名詞と形容詞　31

- 2.1 名詞文 　31
  - 2.1.1 名詞文の活用 　31
  - 2.1.2 名詞文のガ格主語 　32
  - 2.1.3 注意すべき表現 　33
- 2.2 形容詞文 　33
  - 2.2.1 形容詞の活用 　33
  - 2.2.2 属性形容詞 　35
  - 2.2.3 感情形容詞 　36
- 2.3 指導上のポイント 　37
- 第2章 まとめ 　38

第3章 動詞　39

- 3.1 活用の仕方による動詞の三分類 　39
- 3.2 状態動詞と動態動詞 　43
- 3.3 自動詞と他動詞 　44
- 3.4 意志動詞と非意志動詞 　46
- 3.5 指導上のポイント 　46
- 第3章 まとめ 　48

第4章 指示詞コソアド　49

- 4.1 種類と形 　49
- 4.2 場面指示と文脈指示 　51
  - 4.2.1 場面指示 　51
  - 4.2.2 文脈指示 　51
- 4.3 述語の代用：ソウスルとソウダ 　53
- 4.4 指導上のポイント 　53
- 第4章 まとめ 　56

第5章 助詞 … 57

- 5.1 種類と用法 … 57
- 5.2 格助詞 … 58
- 5.3 取り立て助詞 … 60
- 5.4 接続助詞 … 62
- 5.5 終助詞 … 63
- 5.6 助詞：ハとガ … 64
  - 5.6.1 主題(topic)を表すハの基本的機能 … 64
  - 5.6.2 対比(contrast)を表すハ … 66
  - 5.6.3 主題の範囲を限定するハ … 66
  - 5.6.4 ガの基本的機能 … 68
  - 5.6.5 ガの使い方 … 70
    - 5.6.5.1 主格の疑問語・応答の主語 … 70
    - 5.6.5.2 現場現象描写文の主語 … 71
    - 5.6.5.3 存在文の主語 … 71
    - 5.6.5.4 従属節中の主語 … 71
    - 5.6.5.5 状態述語の対象 … 72
    - 5.6.5.6 生理的感覚の場所 … 74
  - 5.6.6 ＸハＹガ … 74
- 5.7 指導上のポイント … 75
- 第5章 まとめ … 76

第6章 単文のテンスとアスペクト … 77

- 6.1 テンスとアスペクトの意味 … 77
- 6.2 単文のテンス … 78
  - 6.2.1 非過去形(non-past form)の意味 … 78
  - 6.2.2 過去形(past form)の意味 … 79
- 6.3 動作の継続と結果の継続を表すテイル … 80
  - 6.3.1 状態動詞 … 83
    - 6.3.1.1 知覚動詞 … 86
  - 6.3.2 感覚・感情・思考の動態動詞 … 87
    - 6.3.2.1 感覚動詞 … 87
    - 6.3.2.2 感情動詞 … 88

目次

			6.3.2.3	思考動詞	90
		6.3.3	一般的な動態動詞		92
			6.3.3.1	主体の動作を表す動詞	94
			6.3.3.2	主体の変化継続を表す動詞	95
			6.3.3.3	経験・経歴を表すテイル	98
	6.4	人為的なテアル			99
	6.5	完了を表すテシマウ			101
	6.6	テクル と テイク			102
	6.7	指導上のポイント			102
第6章	まとめ				103

第7章　モダリティ表現　105

	7.1	命題とモダリティ	105
	7.2	断定保留のダロウ と 可能性のカモシレナイ	106
	7.3	含意の標識:ハズダ と 思い込み的な推測:ニチガイナイ	107
		7.3.1　ハズダとニチガイの用法	108
		7.3.2　ハズダとニチガイナイの使い分け	109
		7.3.3　ハズダの否定	113
	7.4	直接情報+ヨウダ と 間接情報+ラシイ	114
	7.5	伝聞のソウダ と 印象のソウダ	115
	7.6	主観的なノダ と 論理的なワケダ	117
	7.7	指導上のポイント	120
第7章	まとめ		121

第8章　存在の表現と比較表現　123

	8.1	存在の表現	123
		8.1.1　文型と意味	123
		8.1.2　所有の表現との比較	126
	8.2	比較表現	127
		8.2.1　形容詞述語の二項比較	127
		8.2.2　形容詞述語の多項比較	128

		8.2.3 副詞の比較	129
	8.3	指導上のポイント	130
	第8章	まとめ	131

第9章 受動表現 133

	9.1	種類と形	133
	9.2	直接受動文	133
	9.3	間接受動文	135
	9.4	受動文の格表示	136
	9.5	どんな時に受動文を使うか	138
	9.6	受動文ができない動詞	140
	9.7	指導上のポイント	144
	第9章	まとめ	145

第10章 使役表現 147

	10.1	種類と形	147
	10.2	他動詞の使役文と格表示	149
	10.3	自動詞の使役文と格表示	150
		10.3.1 非意志自動詞の使役文	150
		10.3.2 意志自動詞の使役文	151
	10.4	使役受動文	151
	10.5	使役文ができない動詞	153
	10.6	指導上のポイント	154
	第10章	まとめ	155

第11章 授受表現 157

	11.1	種類と形	157
		11.1.1 授受の基本はアゲルとモラウ	157
		11.1.2 モラウ系とクレル系の使い分け	159
		11.1.3 モラウの内向き性	161
		11.1.4 例外的な一人称扱い	161

目 次

- 11.2 丁寧さのレベル … 163
- 11.3 テアゲル、テクレル、テモラウ … 164
  - 11.3.1 テアゲル … 165
  - 11.3.2 テクレル … 166
  - 11.3.3 テモラウ … 168
- 11.4 指導上のポイント … 168
- 第11章 まとめ … 170

第12章 敬語表現 … 171

- 12.1 種類と形 … 171
- 12.2 尊敬表現 … 172
- 12.3 謙譲表現 … 173
- 12.4 丁寧表現 … 174
- 12.5 指導上のポイント … 175
- 第12章 まとめ … 176

第13章 複文 … 177

- 13.1 単文と複文 … 177
- 13.2 ノ＋共時動作 と コト＋抽象概念 … 179
  - 13.2.1 目的語の位置に現れるノ／コト … 179
  - 13.2.2 主題・主語の位置に現れるノ／コト … 182
- 13.3 注意すべき連体節 … 183
- 13.4 指導上のポイント … 185
- 第13章 まとめ … 186

第14章 副詞節 … 187

- 14.1 従属節のテンス … 187
- 14.2 状態・動作の継続を表す述語と従属節 … 189
- 14.3 When/While の訳し方 … 190
  - 14.3.1 トキとタラ … 190
  - 14.3.2 時を表す名詞＋タラ … 191

14.4	時間を表す〜ルマエと〜タアト	192
14.5	期間のアイダとアイダニ	192
14.6	テ形による理由表現	193
14.7	主観的カラと客観的ノデ	195
	14.7.1　カラとノデの使い分け	195
	14.7.2　カラを使うべきではない場合	196
	14.7.3　カラ／ノデによる理由付けと断言を避ける	197
14.8	目的・理由を表すタメ（ニ）	197
14.9	指導上のポイント	198
第14章	まとめ	199

第15章　条件表現（1）事実条件文　　201

15.1	条件文の種類	201
15.2	タラとトの事実条件文	204
	15.2.1　基本的な意味と形	204
	15.2.2　経験の主体	205
15.3	タラとトの後件は過去の「述べ立て文」	206
15.4	タラとトの主語人称	207
15.5	タラとトの後件述語の非制御性	208
15.6	タラとトの使い分け	208
15.7	指導上のポイント	209
第15章	まとめ	211

第16章　条件表現（2）仮定条件文　　213

16.1	四形式を使い分けるための要点	213
	16.1.1　主節末のモダリティ	213
	16.1.2　働きかけのモダリティによる制約	215
	16.1.3　表出のモダリティによる制約	215
	16.1.4　前件と後件の時間的前後関係	216
16.2	四形式の使い分け	217
	16.2.1　恒常性・必然性を表すト	218
	16.2.2　必要最低条件を表すバ	219

目　次

	16.2.3	警告の(ナイ)ト/ナケレバ、保障のバ	220
	16.2.4	前後関係を表すタラ、表さないナラ	221
	16.2.5	話題を取り上げるナラ	222
	16.2.6	タラ、バ、ト	223
	16.2.7	四つの形式全てが使える時	223
16.3	反事実仮定条件文		224
16.4	指導上のポイント		225
第16章	まとめ		226

参考文献	228
索　引	230
あとがき	240
著者略歴	241

序章 日本語を教えるための基礎

1. 学習者がわからないこと

「国語教育」と「日本語教育」の違いは、最近ではよく知られています。同じ日本語でも日本人に教える場合は「国語教育」、外国人に教える場合は「日本語教育」とされています。通常、私たち日本人は「日本語教育」を受けていませんので、「国語教育」との違いを最初に少し詳しく確認しておくことは無駄ではないでしょう。

まず、(1) – (5) の例をご覧ください。これらはごく普通の日本人の小学生なら誰にでも理解できるようなことを書いたものです。

(1) 「るまべ　たろう」は日本人の名前ですかと聞かれた時に
「るまべ」は日本語としておかしいと答えられる。

日本人は、日本語の中で使われる有限数の音を、子供の時に全部覚えてしまいます。[1] また、それらの音の可能な結びつきも全部知っています。そして (1) の場合、語頭にくる「る＋ま」の連鎖は日本語にはないと直感的にわかるので、即座におかしいと感じるのです。また、「ぬまべ」さんの聞き違いではないかとか、あまり聞いたことはないけれども「むなべ」さんもあり得ることなども判断できます。これは日本人にとってはごく当たり前の言語能力です。しかし、日本語にかなり堪能な外国人が、上のような判断が即座にできなくてもおかしくはないでしょう。

---

[1] このような有限数の音を音韻と言います。音韻とは意味を変えることができる最小の音声の単位です。例えば日本語の「あか」と「おか」には「あ」と「お」の音韻対立があるために意味が違います。音韻の種類や数は言語によって違います。例えば英語では light と right には [l] と [r] の音韻対立があるために意味が違いますが、日本語ではこれらは対立しませんのでどちらも同じ発音になってしまい文脈がなければ意味の違いはわかりません。

(2) 「うちの母は私たち子供に親切です」はどこかおかしい。

　これも日本人には直感的におかしいのがわかります。しかし、文法的には問題がありませんから、日本語学習者にはどこがおかしいのかがわかりにくい例です。この文は「親切です」のかわりに「優しいです」とすれば自然になります。ところが英語の場合はどちらも"kind"で表すことができます。そのため、英語を母語とする学習者はよく上のような日本文を書きます。しかし、一般的には「隣のおばさんは親切です」というように、外部の人に対してしか「親切」を使いません。つまりこの言葉が表す意味に関して直感をもっていて、無意識のうちに使い分けることができるのです。このように、二つの言語間で言葉の意味が必ずしも完全に対応しない事実は興味深いことであり、覚えておけば言葉を教える上で役に立つでしょう。

(3) 「kaneokuretanomu」という音の連鎖を意味のあるように区切るには下の二つの可能性がある。
A) 金をくれ。頼む。
B) 金をくれた。飲む。

　日本語では、動詞が最後に来ること、また動詞の前には主語(ガ)や主題(ハ)、または目的語(ヲ)を表す標識があり得ることなどを日本人は知っています。このような情報をもとにして(3)を見ると、最初の"kaneo"は「目的語(kane)＋目的語標識(o)」と考えることが可能です。残りを動詞と考えると、"kuretanomu"は一語としては意味をなしません。しかし、これらを2語と考えれば、"kure"と"tanomu"、または"kureta"と"nomu"の二つだけが可能ですので、(3)のA)とB)のような切り方になります。決して"kaneoku""retano""mu"などという切り方はしません。これらは日本語として可能な語ではないからです。これも日本人にとっては当たり前すぎるぐらいのことですが、(3)の音の連鎖を見せられて正しい切り方が二つあること、そして、それ以外にはないということを、自信をもって即座に断言ができる学習者はごく少数でしょう。

(4) 「昨日のコンサートに誰はきましたか」という文では、「は」ではなく「が」が正しい。

　「は」と「が」はどちらも文の主語を表すことができますが、一般に「誰」などの疑問詞が主語になっている時には、その主語は話題の焦点と考えられ、それを「が」で示します。(4)のように主語を表すのに「が」しか使えない場合、または「は」でも「が」でもあまり意味がかわらない場合などを含め、様々なケースがあります。そのため、使い方を説明しようとすると非常に複雑ですが、日本人はこの二つの助詞を巧みに使い分ける直感をもっています。これらの助詞は外国人にとって習得が最も難しい項目の一つになっていて、その難しさの度合いは、英語の冠詞の使い方に対して日本人が抱く難しさと同じようなものと考えていいと思います。

(5) 男性A：「すまんがこの手紙を出しておいてくれないか。」
　　男性B：「わかりました。」

　　という会話では男性Aの方が年齢か社会的地位、あるいはその両方が男性Bより上である。

　上のやり取りの中に現れた話し方のスタイル(普通体と丁寧体)から、二人の社会的上下関係が日本人にはすぐにわかります。しかし、欧米語などでは敬語が日本語ほどは明確に語彙の中に組み込まれてはいません。従って、上のような会話から話し手の社会的関係を読み取ることに学習者は慣れていません。しかし、これは円滑な社会活動を行うためには必要なことですから、日本語の大切な特徴として教える必要があります。

　(1)-(5)にある事実は、それぞれ日本語の(1)音、(2)言葉の意味、(3)言葉の意味と並び方、(4)助詞の使い方、(5)言葉と社会の関係などについて日本人なら誰でも知っていることです。しかし、外国人学習者にとっては簡単なことではありません。こういうことはたくさんあります。普段からよく認識していないと、相手がわからないことをわかっていると前提して話してしまうことになりますので注意が必要です。また、母語話者として知っていることを学習者にわかるように(「は」と「が」の使い方などを)説明することも簡単ではないので、教えるための準備や練習が必要になります。

2. 日本語文の概観

2.1 文の意味的二大成分

(1)の文を構成要素に分ける時、従来の方法では(2)(3)のように二通りの分け方をします。

(1) 太郎が 本を 読む

(2) 品詞による分け方

> 名詞+助詞 ＋ 名詞+助詞 ＋ 動詞
> （太郎+が）　（本+を）　　（読む）

(3) 語の文中での役割に基づく分け方

> 主語 ＋ 目的語 ＋ 述語
> （太郎が）（本を）　　（読む）

(2)は文の要素を品詞分けしたものです。品詞とは、語の分類に使われる名前のことです。これに対して、(3)のように語が文中で果たす役割を基に文の要素を分解する方法もあります。上の二通りの分類があると、素材としての語（品詞）が文のどんな位置に現れるかを整理することができます。例えば、名詞は主語や目的語の位置に現れることができるとか、動詞、形容(動)詞、「名詞+だ」は文末にあって文をまとめあげる三種の述語である、などとすることができます。ただ、日本語では述語とその後続部には大変重要な情報が豊富に含まれていますが、上の分類だけではこうした情報を概観することはできません。

本書では、近年の日本語文法研究の成果に基づいて、もう少し大きい視点から文の成分を観察したいと思います。まず(4)のように、文を意味的に二つの大きな成分に分けます。

(4) 文の意味的二大成分[2]
文＝命題＋モダリティ

---

[2] 仁田(1991)を参考にしました。文をこのように二分することの問題については田野村(2004)を参照。

(4)は、文というものは「現実の世界の出来事を切り取って表現した部分」（命題）とその「表現部分や聞き手に対する話し手の態度を表した部分」（モダリティ表現）から成り立つことを示しています。(4)はまた、日本語のモダリティ表現は、しばしば文末に現れることも示しています。例えば(5)–(7)では「あの男が泥棒であること」が命題にあたります。

(5) あの男は泥棒［だ］。
(6) あの男は泥棒［に違いない］。
(7) あの男は泥棒［かもしれない］。

［　］でくくった部分はモダリティ表現にあたり、(5)では命題が真であることを断定しています。また、(6)と(7)では命題に対する確信度の違いを表現しています。さらに、下の(8)–(10)のように「ね」「よ」など、文末に現れる助詞は聞き手に対する話し手の態度を表します。これらの助詞は聞き手に対するモダリティ表現と言えます。

(8) あの男は泥棒［だ］［よ］。
(9) あの男は泥棒［だ］［ね］。
(10) あの男は泥棒［だ］［よ］［ね］。

モダリティの概念から文を観察すると、システマティックに説明できる現象があります。例えば、タイのような願望を示す表現は、表出のモダリティを示すのに使われる形式です。表出のモダリティを表す文の主語は、平叙文では一人称、疑問文では二人称と決まっています。(11)–(14)がこの事実を裏付けています。[3]

(11) ぼくは車に乗りたいです。
(12) 君は車に乗りたいですか。
(13) ?太郎は車に乗りたいです。
(14) ?太郎は車に乗りたいですか。

---

[3] 本書では*は不適格文、?は不適格とは言えないまでも、違和感のある文を示します。

(13)(14)はちょっと変な感じがします。しかし、それぞれ(15)(16)のようにすればよくなります。また(17)(18)のようにしても問題がありません。

(15) 太郎は車に乗りたい [のです]。
(16) 太郎は車に乗りたい [のです] [か]。
(17) 太郎は車に乗りたい [ようです]。
(18) 太郎は車に乗りたい [にちがいありません。]

(15)-(18)の [　] でくくった部分は疑問のカを含めて全てモダリティ表現と言われます。つまり、表出のモダリティ表現であるタイに、上のような別のモダリティ表現をつければ、三人称の主語でも文のすわりがよくなる、ということが言えます。このようにモダリティの概念を使ってタイと「三人称主語」を含む文の現象を一般化することができるのです。

☞ より詳細なモダリティ表現については第7章参照。

2.2 命題の必須成分

前節では文のモダリティ部分を見ましたので、この節では命題の内部を見ます。命題内部の必須成分は補語と述語です。(1)は典型的な日本語の他動詞「食べる」を含む命題の成分を示しています。

(1) 命題の成分(動詞「食べる」の場合)

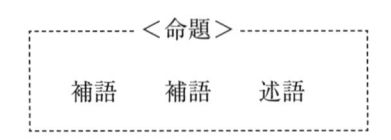

```
------<命題>------
補語　補語　述語
```

命題の内部では、述語が意味を表す中心的な存在であり、述語だけでは表しきれない部分を補語が補うものと考えます。補語の数は述語によって違います。

(2) ⎡太郎が⎤　⎡すしを⎤　⎡食べる⎤
　　⎣補語　⎦　⎣補語　⎦　⎣述語　⎦

(1)に「食べる」という述語を代入して命題部分を示すと、(2)のようになります。「食べる」は補語を二つとります。補語は「名詞＋格助詞」からなっています。また、格助詞とは述語に対して名詞（句）が果たす文法的役割を表す助詞のことです。ここでは、動作の主体を表す助詞（ガ＝主格）と、動作を受ける対象を示す助詞（ヲ＝目的格）が使われています。これらの助詞を伴った補語はそれぞれ、主格補語、目的格補語とよばれ、文の形成に必須の補語です。[4]

これらの補語は従来、主語、目的語とよばれてきたものです。それを補語と言い換えるのには理由があります。日本語の学校文法においては「主語＝動作・状態の主体で、ガ格で標示された名詞」あるいは「目的語＝動作を受ける対象で、ヲ格で標示された他動詞文内の名詞」という連想が容易に考えられます。これには少なくとも二つの問題があります。一つ目はガ格ではないのに動作主と思われる場合、あるいはヲ格ではないのに動作を受けていると思われる場合です。

(3) 私から連絡します。
(4) 犬がジョンにかみついた。

(3)の「私」は動作主ですが、ガ格ではなくカラ格で示されています。また、(4)の「ジョン」は動作の受け手ですが、ヲ格ではなく、ニ格で標示されています。従って、「主語＝ガ格名詞」「目的語＝ヲ格名詞」という捉え方には問題があります。しかし、主語や目的語という用語は使わず、ガ格やカラ格で標示さた補語は動作の主体を表すことがあるとか、ヲ格やニ格で標示された補語は動作の対象を表すことができる、としておけば問題ありません。

二つ目の問題は上の場合と逆です。すなわち、ガ格なのに主体の動作を表さない場合や、ヲ格でも動作の受け手とはいいがたい場合があります。

(5) フランス語ができますか。
(6) 私はその橋を渡りました。
(7) ＊その橋は私に渡られました。

---

[4] 補語は補足語ともよばれます。上の解釈からも明らかなように、ここでいう補語は伝統的な英文法における補語とは違います。

(5)では「フランス語」がガ格で標示されていますが、これは「できます」の主体ではありません。この場合の主体は表面には現れていない「あなた」と考えられます。このガ格は「できます」という状態の対象（＝フランス語）を表しています。また、(6)ではヲ格で標示された「橋」が、「渡る」という動作を向ける対象であると考えるのには無理があります。一般に動作を向ける対象の場合、それを主語にして直接受動文を作ることができます。例えば、(4)は「ジョン」を主語にして「ジョンが犬にかみつかれた」という直接受動文を作ることができます。しかし、(6)で同じことをすると(7)が示すように、直接受動文としては不適格な文になってしまいます。(5)も「フランス語」は動作を向ける対象ではなく状態の対象ですから、やはり直接受動文はできません（☞より詳細な直接受動文の表現については第9章9.2節参照）。ここでもやはり、「主語＝動作・状態の主体＝ガ格名詞」とか「目的語＝動作の対象＝ヲ格名詞」という考え方には問題があります。

　これらの例から、ガ格やヲ格がいつも、それぞれ主語や目的語と完全に対応しているわけではないことがわかります。つまり、主語や目的語と格形式を結びつけるだけのやり方では、文法の記述が大雑把になってしまいます。こうした問題を補うために、動詞とそれが必要とする補語や、補語につく格形式を詳しく観察する必要があるのです。例えば、ある動詞「Xが食べる/Xがいる」ではガ格の補語は動作や状態の主体を表し、別の動詞「Xができる」ではガ格が状態の対象を表すと考えます。さらに、ある動詞「Xを食べる」は動作を受ける対象をヲ格の補語で表し、別の動詞「Xを渡る」では同じヲ格が移動の場所を表すと考えれば、より正確な文法の観察になって望ましいわけです。このように、補語という用語を使うことで主語・目的語などの用語に関連した問題を避けることができるのです。しかし、本書ではわかりやすくするために、必要がある時以外は従来どおり主語と（直接・間接）目的語という従来の呼び方を使います。

　命題の内部には、述語や補語の他にも(8)が示すように「おいしい」（形容詞）、「昨日」「ゆっくり」（副詞）などの修飾語があります。修飾語は文の形成に必須の成分ではありません。

　　　(8)　（昨日）太郎が（おいしい）すしを（ゆっくり）食べた。

　ここまでの観察で、文が意味的に命題部とモダリティ部の二つからなるこ

とがわかりました。さらに、命題の内部では述語が意味を表す中心的な存在であることを述べました。次の節ではその理由を少し詳しく見ます。

2.3 文法カテゴリー

述語とその後続部を詳細に見ると、日本語の重要な文法カテゴリーが概観できます。この部分を一望することで、日本語の主な文法カテゴリーにはどんなものがあるのか、それらがどのような順序で並んでいるかなどを視覚的に理解することができます。まずは例文を見てみましょう。

(1) （車が）盗まれていなかったようですね。

今、(1)に現れている文法カテゴリーを観察するために、述語部分以降をより小さい単位に分けて取り出すと(2)のようになります。[5]

(2) 「盗まれていなかったようですね」に含まれる文法カテゴリー

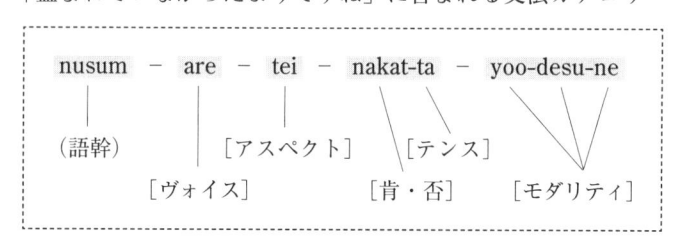

```
nusum - are - tei - nakat-ta - yoo-desu-ne
  |       |     |       |  |         |
(語幹)   ［ヴォイス］［アスペクト］［テンス］［肯・否］  ［モダリティ］
```

上の図で語幹は語の中心的な意味を表す部分として添えてあります。これは文法カテゴリーではありません。それでは語幹に続く文法カテゴリーを順に見ていきましょう。

2.3.1 ヴォイス

文法で態と言えば能動態・受動態の概念がすぐ頭に浮かびます。能動態と受動態は、意味的には視点の違いと考えることができます。例えば(3)の発話からは「何が起こったのか」、あるいは「泥棒が何を盗んだのか」などの視点

---

[5] 野田(1989)を参考にしました。

が感じられます。また(4)の発話には「太郎または太郎の車に何が起こったのか」という話し手の関心が感じられます。

 (3) 泥棒が　太郎の車を　盗んだ。
 (4) 太郎の車が　泥棒に　盗まれた。

上の文の意味はどちらも「泥棒が太郎の車を盗んだこと」を表していると言えます。二つの文では同じ名詞(「泥棒」「太郎の車」)が使われていますが格表示は違います。格の変化に対応するように動詞の語尾も違います(盗んだ→盗まれた)。このように、述語の語尾と格表示が呼応するように規則的に変化する文法現象をヴォイス(voice)といいます。日本語では可能、使役などの表現形式が動詞語幹に後続した場合に類似の規則的な格変化が見られます。これらもヴォイス表現と考えられています。[6]

 (5) ジョンは　ピアノ を　ひく。
 (6) ジョンは　ピアノ が　ひける。

 (7) ジョン が　走る。
 (8) ジョン を　走らせる。

☞ 受動表現については第9章、使役表現については第10章参照。

2.3.2 アスペクト

 英語の"I am eating now."のような文では"ing"が現在進行中の動作を表しています。「進行中の動作」表現はアスペクトの一例です。
 動詞には動態を表すものと状態を表すものがあります。動態には始点、継続、終点など様々な局面(aspect)があります。例えば(9)のように「ています」のような形式が動態動詞に後続すると、動作の継続を表します。しかし「動態」と違って動きのない「状態」には複数のアスペクトがあるとは考えられていません。従って(11)のような状態動詞に「ています」をつけると不適格文になってしまいます。

---

6 益岡・田窪(1992：101)

(9)　今　ごはんを　食べています。(動作の継続)
(10)　メリーは　結婚しています。(結果・状態の継続)
(11)＊今、試験が　あっています。(状態動詞)

☛ 単文のテンスやアスペクトについては第6章、複文のテンスについては第14章参照。

2.3.3　肯定・否定

　日本語で否定を表すには接尾辞の「ない」や助動詞の「ません」を使って「書かない」「書きません」などのように言いますが、これはある事態に対する否定的な断定と考えられます。従って、これらは肯定的な断定である「書く」「書きます」に対立していると言うことができます。断定の文とは、ある主題について判断をくだす文です。典型的な判断の文は「XはYです」のように「X＋は」で始まる判定詞(＝です)の文です。[7]　これはXを主題として、それに対する判断を表す文です。また、否定文とは否定的な意味を表す「判断文」と考えられます。従って判断の対象(X)の後に来る助詞が「Xは〜(じゃあり)ません」のように「ハ」になりやすいのがよくわかります。このような断定の表現はモダリティ表現の一つと考えられています。

☛ モダリティ表現については第7章参照。

2.3.4　テンス(時制)

　日本語のテンス形式には、タ形(過去形)とル形(非過去形)の二つがあります。(12)に見られるように、単文のテンスでは発話時点よりも前ならタ形を使います。現在形の場合には動詞の性質によって違います。(13)のように状態動詞の場合はル形が現在を表します。しかし、(14)のような動態動詞の場合は、ル形が未来を表し、現在の動きを表すには「食べている」としなければなりません。また、(15)のように「毎朝」など、頻度を表すような副詞があるとル形で現在の習慣を表します。

　　＜単文のテンス(動詞の例)＞
　　(12)　昨日、すしを食べた。(過去)

---

[7] 判定詞は益岡・田窪(1992)の用語で、名詞に後続して名詞述語文を作ります。

(13) ジョンは図書館にいる。(現在)
(14) 明日、すしを食べる。(未来)
(15) 毎朝、8時にジョギングをする。(動態動詞で現在)

　複文のテンスは二つのステップで考えます。まず、主節（＝文末）のテンスは単文と全く同じ考え方で、発話時点よりも前ならタ形、発話時点以降なら状態動詞にはル形を、そして動態動詞にはテイル形を使います。従属節内のテンスは、主節の出来事の起こった時点を参照して決めます。下の例はどちらも主節（＝文末）のテンスは過去です。

(16) ［日本に行った時に］　その辞書を買いました
(17) ［日本に行く時に］　　その辞書を買いました。

　従属節のテンスは、その中の出来事が主節の出来事よりも時間的に前に起きたか、後に起きたかを示すものです。従属節の述語がタ形の時には、その中の出来事が主節内の出来事よりも先に起きたことを示します。(16)がこのケースで、出来事の順序は「日本に行った」→「辞書を買った」になります。従属節内のテンスがル形の場合は出来事の順序がその逆であることを示します。従って、(17)では「辞書を買った」→「日本に行った」の順になります。これらのことは下の図のようにまとめることができます。

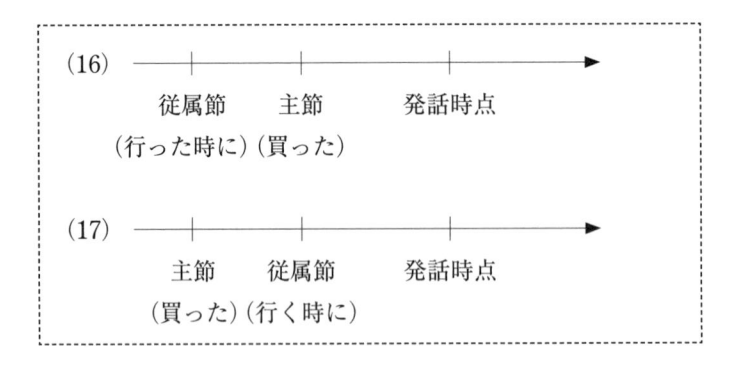

```
(16) ——————┼————————┼————————┼————————→
          従属節　　主節　　　　発話時点
       (行った時に)(買った)

(17) ——————┼————————┼————————┼————————→
          主節　　従属節　　　発話時点
        (買った)(行く時に)
```

☛ 単文のテンスやアスペクトについては第6章、複文のテンスは第14章参照。

2.3.5 モダリティ

第2.3節の例、「盗まれていなかった<u>ようですね</u>」の下線部には、命題に関するモダリティと、聞き手に対するモダリティの例が見られます。「ようですね」は「よう」「です」「ね」の三つのモダリティ表現形式からなっています。「よう」は、命題の真偽に関する、話し手の認識を表していると考えられます。これに対して、丁寧を表す「です」や、同意を求める「ね」は、聞き手に対するモダリティ表現の例です。

☛ モダリティ表現については第7章参照。

以上、述語以降には重要な文法情報が豊富に含まれていることがわかりました。述語が命題内部、さらに文全体の中心要素といわれる意味がよくわかります。上で見た文法カテゴリーは、全ての述語に当てはまるものではありません。例えば形容詞文にはヴォイスの転換などはありませんし、アスペクトの違いもありません。上の観察から、動態を表す動詞が一番多くの文法カテゴリーに関係していることがわかります。これで日本語の重要な文法カテゴリーを概観できました。

しかし、実際に文を作るためにはどんな素材を使うべきかを知る必要があります。次の節ではそれを整理しておきます。

2.4 文の素材としての品詞

ここでは、補語、述語、修飾語がどのような素材(＝品詞)でできているかを確認します。

下の(1)は、先述したよりも多くの述語に当てはまるように文構成をまとめたものです。構成図の中で(　)内にある要素はオプショナルであることを示します。ですから最小の文構成は自動詞や形容詞によく見られる「補語＋述語＋モダリティ」となります。補語の中心素材は名詞(句)です。それに後接する格助詞は、述語とその名詞句の文法的関係を表します。また必須な補語の数は述語によって違います。

(1) いろいろな文の構成成分[8]

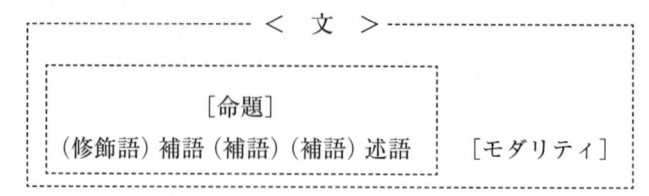

```
------------------< 文 >------------------
 ┌─────────────────────────────────┐
 │            [命題]                │
 │ (修飾語) 補語 (補語) (補語) 述語   │  [モダリティ]
 └─────────────────────────────────┘
```

(2) 補語になる素材（＝名詞、名詞節）
　　　ジョンが　すしを食べる。（名詞：主格・目的格）
　　　ジョンが　メリーに　本をあげる。（名詞：主格・与格・目的格）
　　　初めて会ったのは　二年前だ。（名詞節：主格）
　　　映画に行ったことを　メリーに　聞いた。（名詞節：目的格）

補語にはオプショナルに修飾語がつきます。修飾語とは言葉を補ってより詳しく描写する語(句)を言います。名詞につく修飾語は連体修飾語とも言われます。連体修飾には次のような組み合わせがあります。

(3) 連体修飾語になる素材
　　　［名詞＋ノ］　となりの子供
　　　［イ形容詞］　かわいい子供
　　　［ナ形容詞］　きれいな花
　　　［連体詞］　　同じ子供
　　　［連体節］　　昨日見た子供

日本語の述語の素材になるのは次の三種です。

(4) 述語になる素材
　　　［動詞］　ジョンが　起きる。
　　　［ナ・イ形容詞］　夕焼けが　きれいだ／美しい。
　　　［名詞＋判定詞］　太郎は　学生だ。

---

[8] まれに、モダリティのない文もあります。詳細については野田(1989)が参考になります。

述語を修飾する語は連用修飾語と言われます。連用修飾語になる素材は、(5)のような副詞、形容詞の連用形、副詞節などです。

(5) 連用修飾語になる素材
[副詞] <u>とても</u>うつくしい
[イ形容詞の連用形] ジョンは<u>まちがいなく</u>犯人だ。
[ナ形容動詞の連用形] 部屋が<u>きれいに</u>なった。
[副詞節] <u>今日は雨が降っているので</u> ぼくは出かけない。

2.5 モダリティ表現の素材

モダリティの名称や、何をモダリティと考えるかなどは、研究者の間で必ずしも意見が一致していません。以下では、異論の少ない(1)命題の認識に関するモダリティと、(2)行為・実行に関するモダリティとの二つに分類し、それぞれの主だった素材をいくつかあげておきます。[9]

(1) a. 推量の助動詞(だろう、らしい、ようだ、など)
b. 疑問の終助詞(か、かな、かしら、など)
(2) a. 助動詞：〜てください(依頼)、〜てほしい(希望)、〜べきだ(当為)、など
b. 活用語尾：〜なさい(命令)、〜ましょう(意志・勧誘)、など

2.6 単文と複文

単文とは一つの主語に対して一つの述語がある文です。複文とは原則として主語と述語が複数ある文です。日本語の複文は接続節と主節の順に並んでいます。接続節は並列節と従属節に分かれます(益岡・田窪 1992：181-214)。(1)は後者の例です。

(1) ジョンはコーヒーを飲んで、ぼくは紅茶を飲んだ。(並列節)

---

[9] 最近のモダリティ分類を概観するには、宮崎他(2002)や日本語記述文法研究会(2003)が参考になります。

従属節は主節を修飾するものと、主節の一部になるものとがあります。(2)は前者の例で、後方の主節を修飾しています。このように主節を修飾する従属節は、副詞の役割を果たしていると考えられます。従って、この従属節は文中の役割上、副詞節ともよびます。

(2) 主節を修飾する従属節(＝副詞節)

[雨が降ったので]	[私は出かけませんでした。]
従属節	主節

(3)は従属節が主語の一部になっている例です。この場合の「昨日デパートで買った本」は文全体の主語で、従属節(＝下線部)がその主語の一部になっています。

(3) 従属節が主語の一部になっている例

[[昨日デパートで買った]本]が	おもしろい。
主語	述語

上のように、文はより大きな文の中で主語や目的語の一部となったり修飾節の一部になったりします。

☞ 従属節の分類については第13章参照。

これで日本語の主な文法カテゴリー、文の成分、そしてその並び方がわかりました。最後に、次の節で関連用語を整理しておきます。

2.7 用語のまとめ

文の素材になる品詞と文法的成分を表す用語に分けてまとめておきます。

2.7.1 品詞

文を作るときに素材となる語についた名前を11種に分類します。[10]

---

[10] 益岡・田窪(1992：8)の11分類を参考にしました。本書では動詞、名詞、形容詞、副詞などの内容語(content words)だけでなく、判定詞、助動詞、助詞、連体詞などの機能語(function words)も、語と考えます。

(1)　動詞（verbs）
　　・人や自然の動態や状態を表す語。述語になる。
　　「食べる」「ある」など

(2)　形容詞（i-adjectives/na-adjectives）
　　・人や物の状態や属性を表す語。述語にも修飾語にもなる。
　　・名詞を修飾する時の語末がイになるかナになるかによって、それぞれイ形容詞とナ形容詞に分ける。
　　・イ形容詞：「あかい」「面白い」（あかい本 / 面白い本）
　　・ナ形容詞：「きれいだ」「すてきだ」（きれい<u>な</u>本 / すてき<u>な</u>本）

(3)　判定詞（伝統的な繋辞（copula）のこと）
　　・「ダ」「デス」「デアル」
　　・「名詞＋ダ」のように名詞述語を作る。

(4)　助動詞（auxiliary verbs）
　　・動詞について様々な意味を表す語。
　　「行く<u>つもりだ</u>」（意志）、「行く<u>らしい</u>」（推量）

(5)　名詞（nouns）
　　・人、物、事、場所、時、方角等の名前を表す語。
　　・主語や目的語になることができる。
　　・「名詞＋ダ」の形で名詞述語をつくる。
　　「子供」「車」「事故」「公民館」「昨日」「東」など

(6)　副詞（adverbs）
　　・動詞、形容詞、他の副詞を修飾する語。
　　「<u>ゆっくり</u>歩く」　（被修飾語＝動詞）
　　「<u>とても</u>きれい」　（被修飾語＝形容詞）
　　「<u>かなり</u>ゆっくり」　（被修飾語＝副詞）

(7)　助詞（particles）
　　・補語の格を表示したり、文末で話し手の態度を示す語。
　　「山田<u>が</u>来た。」　（格助詞：主格）
　　「昨日来た<u>ね</u>。」　（終助詞：確認）

・名詞と名詞や文と文をつなぐ。
「ペンと紙」（接続助詞）
「まっすぐ行くと駅があります。」（接続助詞）

(8) 連体詞（prenominals）
・名詞を修飾するが形容詞と違って述語にならない語。
「ある日」「ほんの冗談」

(9) 接続詞（conjunctions）
・文と文をつなぐ語。
・接続助詞と違って単独に現れることができる。
「しかし」「それで」「したがって」など

(10) 感動詞（exclamatives）
・事態や聞き手に対する態度や感情を示す語。
「あれ！」（驚き）、「いいえ」（否定）、「やあ」（挨拶）

(11) 指示詞（demonstratives/ko-so-a-do words）
・人、物、方角、場所などを指し示す語。
「これ」「こっち」「ここ」「どれ」など
・種類、属性や様態を示す語。
「こんな」「こう」「どんな」「どう」など

2.7.2 文法的成分を表す用語

(12) 文（sentence）：文は述語と補語からなる。
(13) 述語（predicate）：「動詞」「形容（動）詞」「名詞＋ダ」
(14) 補語（argument/complement）：文の意味を補足する語。
・補語は述語との関係によって「格」が決められる。
・補語の格を示す格助詞は一般に次の九種類が認められる。
「ガ」「ヲ」「ニ」「デ」「カラ」「マデ」「ヨリ」「ヘ」「ト」

☞ 助詞については第5章参照。

2.7.3 語の構造を表す用語

　意味を表す最小の要素を形態素と言います。活用語尾などを考える時に必要ですので、加えておきます。語は形態素からできています。一般に名詞や助詞などは単一の形態素からできています。しかし、活用のある語は複数の形態素からできています。(15)は動詞「見る」が語幹と活用語尾からできていることを示しています。語幹は語の中核的な意味を表します。また、活用語尾の部分は文法的意味((15)ではテンス)を表します。

(15)　　＜非過去＞　　　　＜過去＞
　　　　mi-ru（見る）　　　mi-ta（見た）
　　　　語幹－活用語尾　　　語幹－活用語尾

　これに対して下の(16)や(17)のように他の語に付属して派生語を作る場合には、活用語尾とは言わず派生語を作る接辞と言います。派生接辞には接頭辞と接尾辞とがあります。

(16)　接頭辞：ご飯、ぶち壊す
(17)　接尾辞：山本さん、暑さ、開き直る

　接尾辞は活用語尾と同じように元の語に後接しますが、その働きは活用語尾とは違います。(18)(19)のように接尾辞がついた場合には、元の語の品詞が変わることがあります。(20)のような活用語尾の場合には、それがついた後でも語の品詞が変わることはありません。

(18)　見る→見たい(mi-tai)［動詞→形容詞］
(19)　見たい→見たさ(mita-sa)［形容詞→名詞］
(20)　見る→見た(タは活用語尾。品詞を変えない)

第1章 日本語とはどんな言語か
：学習者への日本語概論

この章の要点

1.1 言語音の特徴
1.2 表記の特徴
1.3 文法的特徴
1.4 談話レベルの特徴
1.5 社会言語学的特徴
1.6 指導上のポイント

日本語の文法を勉強する前に、学期のはじめに大まかな日本語の特徴を理解させることは大事です。日本語の音のシステムや表記法、語順などが学習者の母語とどのように違うのかを最初によく観察しておくと、その時には全部わからなくても、後になって理解の助けになることがあります。ですから、日本語の概観を要領よく伝えることは大事ですが、その準備には意外と手間や時間がかかるものです。この章はそういう時に短時間で整理・復習ができるように、必須項目をまとめたものです。

1.1 言語音の特徴

まず、英語の McDonald [mək-dɑ́-nəld] を例に日本語と英語の音の違いについて考えてみましょう。上の英語は三音節語で、最初と最後の音節はそれぞれ子音の [k] と [d] で終わっています。また二音節目は母音 [ɑ́] で終わっておりストレスがあります。これが日本語では [ma-ku-do-na-ru-do] となります。以下は学習者にこれら日本語と英語の音節を観察させ、ディスカッションをリードした例です。

第1章 日本語とはどんな言語か

〔A〕 英語では三音節だが日本語では六音節になったのはなぜか。

▶▶ 日本語の音節は子音で終わることができません。また子音が連続することもありません(例外は撥音(「ん」)と促音「っ」)。従って、外国語が日本語化する時に子音で終わる音節には母音が加えられます。多くの場合、子音の後には [u] が加えられます。ただし、[t] と [d] の後には [o] が加えられます(例 park → paaku、bat → batto、bed → beddo)。この規則に従うと [mək] の [k] の後に [u] が加えられ [mə-ku] となります。また、[nəld] の [l] と [d] の後にもそれぞれ [u] と [o] が加えられ [nə-lu-do] となります。しかし、変化はこれだけではありません。

〔B〕 日本語と英語では母音が変わっているのはなぜか。

▶▶ 日本語の母音は五つ([a] [e] [i] [o] [u])だけなので、日本語にない外国語の母音を発音する時は、音が似ている日本語の母音が選ばれます。また、日本語に類似する母音があってもスペルに対応する母音が選ばれることもあります。それで、オリジナルの母音とは違った結果となります。上の McDonald の場合、[mə-ku] の [mə] は日本語にないので [ma] となった例です。また [dá] はスペルにあわせて [do] となり、[nə-lu-do] の [nə] も [na] に変わり [na-lu-do] となります。さらに日本語では、英語の [l] と [r] を区別せずにどちらも [r] で表記するために [na-lu-do] が [na-ru-do] となります。これで全体が [ma-ku-do-na-ru-do] となります。

〔C〕 英語では [mək-dá-nəld] の二音節目が(時間的に)長い音節になっている。日本語化した [ma-ku-do-na-ru-do] の三音節目は英語に対応して長くなるのだろうか。

▶▶ 一般に日本語の各音節は時間的には同じ長さです。日本語の音節を特に「拍」(モーラ、または mora)とよぶのは、この特徴を示したものです。マクドナルドは六拍の単語で、各拍の時間的長さはほぼ同じです。一方、二音節以上の英語の単語には必ずストレスをもつ音節があります。これは、同じ表記の場合にはストレスが意味の違いを示すという言語的規則がある

ため、強勢の位置を常に明確にすることが求められるからと考えられます。ストレスのある音節は、一般に他の音節よりも時間的に長いことはよく知られています。

〔D〕 同音語(homophone)の場合に日本語では何が意味を変えるのだろうか。

▶▶ 同音語(homophone)の場合、日本語では「音の高低」(pitch)が意味を変えます。この事実から日本語は pitch 言語として stress 言語である英語と対比されます。学習者には、下のような例で音の高低による意味の違いを示します。英語のストレスによる違いも合わせて下に示しておきます。

(1) 日本語(音の高低による違い)

 (a) A-ME (high – low) [rain]
 (b) A-ME (low – high) [hard candies]

(2) 英語(ストレスによる違い)

 (c) import [im-pɔ́:rt] (v) [第2音節にストレス]
 (d) import [ím-pɔ:rt] (n) [第1音節にストレス]

1.2 表記の特徴

〔E〕 英語のアルファベットは26文字だが、日本語も同じだろうか。また英語と同じように、アルファベットは一種類だけだろうか。

▶▶ 日本語の基本アルファベットは46文字あります。昔は50近くあったので50音と言われました。日本語のアルファベットは二種類あります。その他に漢字があるので、文字の種類は全部で三種類となります。次の文で三種類の文字の違いを見てみましょう(と言って例文を書いて意味を示します)。

(3) 私は日本から　アメリカに　来ました。
(I've come to America from Japan.)

漢字は構造が少し複雑なので見分けやすいようです。まず「私」「日本」「来」が漢字であることを確認します。次に日本語のアルファベットは「仮名」ということ、仮名は二種類あることを話し、文を見ながら違いがわかるかを尋ねます。頃合を見て「アメリカ」がカタカナで、それ以外の仮名がひらがなであることを教えます。ひらがなの方がソフトカーブが多く、カタカナには直線が多いことにも気づかせます。また、日本語には縦書きと横書きがあり、縦書きの場合は右から左に書いていくことを例示します。

> 縦書きは右から左に書くことを例示する。

〔F〕　仮名と漢字の違いはなんだろう。ひらがなとカタカナの違いは？

▶▶ 仮名は音だけを表しますが、漢字は音と意味の両方を表すことを認識させます。前者を phonetic symbol、後者を logograph とよぶことがあります。カタカナは主に外国からの借用語に用い、ひらがなは主に活用の一部や助詞［＝ case marker, or particle］の表記に使われることも指摘し、一般に名詞、動詞、形容詞などはほとんど漢字で表されることも説明します。

〔G〕　カタカナ、ひらがな、漢字の由来について。

▶▶ 漢字は6世紀ごろ中国から仏教と一緒に日本に輸入されたこと、また、仮名は漢字を簡略化したものであることを例示します。

(4)　阿→ア（漢字の右側から）
(5)　安→あ（全体をくずしたもの）

仮名は女手（おんなで）とも言われ、女性が使うものとされました。紫式部（Lady Murasaki）が11世紀に書いた「源氏物語」は世界最古の女性による小説と言われますが、これは全てひらがなで書かれています。

［H］　なぜ漢字は読みが二つ以上あるのだろうか。

▶▶ 例えば mountain を表す「山」という漢字が日本に伝来した時、中国語の発音も同時に入って来ました。それが日本風の発音に変わって「サン」となりました。また、同じ意味を表す日本語には「やま」がありました。それでこの漢字は「サン」また「やま」と読まれるようになりました。そして、中国由来の読み方「サン」は音読み(*on*-reading)、日本の読み方「やま」は訓読み(*kun*-reading)とよばれるようになりました。また、宗教に特有の読み方(例:「行脚」「あんぎゃ」)などもあるため、漢字の読みが二つ以上あることは珍しくないことも指摘します。

［I］　どれぐらい漢字を勉強する必要があるのか。

▶▶ よくきかれる質問です。新聞や雑誌などで使われるのは常用漢字と言われ1945字あります。日本人は、小学六年生が終わるまでに1000字ぐらい勉強します。外国人を対象にした日本語のクラスでは、最初の二年に250-300字前後を習うのが一般的で、たいていの場合、初年度には100字前後を習います。日本語能力試験の三級では受験者が300字既習したことを前提にしています。

1.3　文法的特徴

　英語では文法関係が語順によって表されますが、日本語の場合には「名詞（句）+ 格助詞」で表され、これが一つの単位として移動できるために語順に柔軟性があります。この節で言いたいことは上の二つだけです。
　ところが、こうした説明には主語(subject)や目的語(object)という言葉が必要です。日本人は英文法を通してこういう文法用語をよく知っていますが、米国では習っていない学習者の方が多いのでよく説明する必要があります。例えば次のような例文でディスカッションをリードします。

第1章　日本語とはどんな言語か

〔J〕　次の文で主語(subject)、目的語(object)、述語(predicate)はどれだろう。どのようにして主語と目的語の違いを見分けるのだろう。

(1)　The cat chases the rat.
(2)　The rat chases the cat.

▶▶ まず(1)の主語(The cat)、動詞(chases)、目的語(the rat)を確認し、(2)では主語と目的語が逆になっていることを確かめます。そして、英語では基本的な意味を変える語順は非常に大切であることに気づかせます。
　主語とは、述語が表す動作や状態の主体を示す語です。また、目的語とは、(他動詞)述語が表す動作の受け手を示す語です。目的語をよく理解するためには自動詞や他動詞の違いを知る必要がありますが、習っていない学習者が大部分ですので、多くの場合説明しなければなりません。これは、下のような例と一緒に受動態の文を作ることができる動詞は他動詞、できない動詞は自動詞としておけばよいでしょう。
☛ 日本語の受動文は英語と違いもう少し詳しい分類が必要ですが、それについては第9章参照。

(3)　John took Mary to school.（「take」は他動詞）
　　　→ Mary was taken to school by John.
(4)　Mary goes to school.
　　　→受動文ができない。（「go」は自動詞）

〔K〕　英語の語順と日本語の語順は同じだろうか。また、日本語でも基本的な意味を変えるのは語順だろうか。

▶▶ 下のような例を見せて、英語の語順は SVO ですが、日本語では SOV であることを示します。助詞 ga が主格の助詞(subject marker)で o が目的格の助詞(object marker)であることも教えます。

(5)　日本語と英語の語順の違い

> Neko-ga nezumi-o oikakeru.
> 　cat-SUB　rat-OBJ　　V
> "The cat chases the rat."

次に、下のように語順が変わる時には助詞も一緒に移動することを例示し、そのために語順が変わっても文法的意味は変わらないことを示します。

(6)　語順が柔軟な日本語

> Nezumi-o neko-ga   oikakeru.
> rat-OBJ   cat-SUB   V
> "The cat chases the rat."

　まとめとして、日本語では文中の語の文法関係は助詞が表すこと、そして、語順が変わる時には文法関係を示す助詞も一緒に移動するために、移動した後も文法的な意味は変わらず、そのために語順は比較的自由であることを指摘します(語順が変われば話し手の焦点が変わるなど語用論的 [linguistic pragmatics] な意味は変わります)。

1.4　談話レベルの特徴

　一般に、統語論(syntax)でいう「文法」とは原則として一つの文内での規則のことです。文を越えた「談話」(discourse)や「文章」(written paragraphs)のレベルでの文法を、一般に「談話の文法」と言います。
　談話の文法としてよく知られている日本語の言語現象に、語の省略(ellipsis)があります。日本語に限らず英語でも文脈からわかる時には、(1)や(2)のような語の省略は見られます。しかし(3)−(5)のような省略は見られません(下線部が省略部分を表しています)。

(1)　Going out for lunch?　(Are you going out for lunch?)
(2)　Chips?　(Do you want some chips?)
(3)　*Eaten?　(Have you eaten it?)
(4)　I bought a new pen yesterday. *Like a lot. (I like it a lot.)
(5)　Someone came in.　*Was John. (That was John.)

日本語では英語よりも省略の許容範囲が広く(6)–(8)のような場合でも可能です。

(6) (=3) 食べた？
(7) (=4) 昨日新しいペン買ったの。すごく気に入った。
(8) (=5) 誰かが入って来た。ジョンだった。

また、日本語では主語の省略が頻繁ですが、英語を母語とする学習者には日記など、少数の例外を除いてそうした習慣がありません。従って、初期の学習時期においては「私は」とか「あなたは」という言葉がよく聞かれます。しかし、日本語では文脈からわかる時には主語が省略されることを指導すれば、それほど困難はないようです。原則としては、主語を省略して発話された文では話し手自身が主語となります(例：「行きます」「行きません」)。その文がもし疑問文であれば、省略された主語は聞き手ということが言えます(例：「行きますか」)。

1.5　社会言語学的特徴

どの言語にも社会的習慣によって決まっている言語使用規則があります。日本語の例で言うと、スピーチスタイルの使い分けがあります。

日本語のスピーチスタイルは大きく分けて丁寧体と普通体があります。そして、年上の人や社会的地位が上の人に対して話す時には丁寧体を使うことが社会的習慣として期待されています。また、代名詞の「あなた」を目上の人に使うのは挑戦的な態度を示す時が主です。しかし、英語ではこのような待遇表現が日本語ほど明確ではありませんので、その感覚をつかむのが難しいようです。そのため、学習者が教師に対して下のような表現を使うのをよく聞きます。日本人であれば(　　)内の表現が期待されていることは誰でも知っていることです。

(9) おはよう。(→おはようございます。)
(10) ありがとう。(→ありがとうございます。)
(11) はい、元気です。あなたは？(→はい、元気です。先生は？)

これでは善意の気持ちが伝わらない可能性もありますので、教師としてはアドバイスをしなくてはなりません。まず、容認されるのは(　　)内の言い方であること、そしてこれは社会習慣によって決まっていることで、個人が選択できるものでないことを知らせます。さらに、社会行動の中で日本人はこうしたスピーチスタイルにアメリカ人よりもずっと敏感なので、効果的な意志の伝達を真剣に考えるなら、早くスタイルの違いを習得することが望ましいことを伝えます。

☛ 敬語表現については第12章参照。

1.6　指導上のポイント

　この章の内容を指導する時には二つの方法があります。一つは学期の最初の頃に少しずつ時間をとって各項目を毎回紹介して行く方法です。もう一つは指導内容のバックアップとして、いつもいくつかのトピックを用意しておきます。授業時間が余ってしまっても、まとまった一つの項目を練習するには短すぎることがよくあります。そういう時に少しずつ導入する方法です。いずれにしても、一つのセッションについて最長15分ぐらいで終わるようにするといいでしょう。

第 1 章 まとめ

1.1 言語音の特徴
- 音節が子音で終わらない
  （例外は撥音「ん」(nasal)と促音「っ」(geminate consonant)）
- 「拍」(mora)の時間的長さはほぼ同じ
- 「音の高低」(pitch)が同音語(homophone)の意味を変える

1.2 表記の特徴
- アルファベットとは表音文字(phonetic symbol)のことで音だけを表す記号。日本語のアルファベットはひらがなとカタカナ、漢字は表意文字(logograph)で音と意味の両方を表す

1.3 文法的特徴
- 語の文中での役割(＝格)は格助詞(case marker)が示す
  [particles＝助詞の総称]
- 基本的語順はSOV。語順を変えても各語の文法的関係は変わらない。従って、語順が比較的自由

1.4 談話レベルの特徴
- 日本語では語の省略(ellipsis)が英語よりも自由

1.5 社会言語学的特徴
- 社会的習慣によるスピーチスタイル：丁寧体と普通体
- よりよい意思の伝達には必須

1.6 指導上のポイント
- 各トピックを少しずつ教える
- 一回、一項目、15分ぐらいが目安

第2章 名詞と形容詞

> **この章の要点**
> 2.1　名詞文
> 2.2　形容詞文
> 2.3　指導上のポイント

2.1　名詞文

　名詞は「名詞＋ダ」で名詞文を作ります。名詞文とは、(1)のように「X」にある人や事物を特定したり分類したりする文です。

(1)　Xは　　　　Yです。
(2)　私は　　　　学生/山田です。（身分/名前）
(3)　トマトは　　野菜です。　　（カテゴリー）

　Xに後続するハは、主題(topic)を示す助詞です。Topic marker と言われることもあり、ハ以降に主題に関する説明を提示する役割をします。(2)のようにYにはしばしばXの身分や名前を示す語、あるいは(3)のようにXが属するカテゴリーを表す語がきます。デスは判定詞で命題(XがYであること)についての話し手の判断を示します。[1]

2.1.1　名詞文の活用

(4)　名詞文(「名詞＋ダ」)の活用表(Nominal sentences)

	丁寧体(polite form)	
	Affirmative	Negative
Non-P	N-desu	N-ja-nai-desu
Past	N-deshita	N-ja-nakatta-desu
	普通体(plain form)	
Non-P	N-da	N-ja-nai
Past	N-datta	N-ja-nakatta

---

[1] 判定詞については益岡・田窪(1992:25-28)参照。

(4)は名詞文の活用表です。活用・変化(conjugation)がわかるようにローマ字で記載しています。丁寧体だけを先に導入して、普通体はしばらくしてから指導するケースが多いです。見方は、例えば丁寧体の場合は上段が左から右へ「非過去・肯定」(Non-Past-Affirmative)と「非過去・否定」(Non-Past-Negative)、下段が「過去・肯定」(Past-Affirmative)、「過去・否定」(Past-Negative)の順です。(5)は「学生」を代入した例ですが、いつも同じ配列で提示するようにします。そうすると、学習者が後になって自分で再現しやすくなります。

(5)

gakusei-desu	gakusei-ja-nai-desu
gakusei-deshita	gakusei-ja-nakatta-desu

丁寧体の否定には、やや丁寧な響きのする「N-ja-arimasen(-deshita)」もあります。一つの型がよく習得された時点で別の型との入れ替え練習をすると、スムーズに指導することができます。

2.1.2 名詞文のガ格主語

「XはYです」のXにガを使って(6)のようにするとXがズームアップされたように聞こえます。

(6) A：マネージャーは誰ですか。
　　B：私がマネージャーです。

この場合の「私が」は「唯一のマネージャー」でほかにはいないという意味になります。これは総記のガ(exhaustive listing GA)とよばれ、発話時点において可能な全ての事態を述べる時に使われます。事態が一つの時には「Xだけが、可能な唯一の存在」の意味になります。自己紹介などでは自分をズームアップしたいような特別な理由がない限り、「私はジョン・ケリーです」というようにハが使われます。また、「バナナは果物です」などのように「メンバー」と「カテゴリー」について述べる時にも特別な動機がない限り、「Xは」とするのが普通です。従って、名詞文の主語にはハが多く使われることになります。学習初期の段階では「Xは」が主語を表す、と指導してよいと思います。

しかし、ハがいつも「主格」を表す助詞と考えるのは正しくありません。(7)のような動詞文では目的格の代わりになっています。

(7) りんごは食べます。(「りんご」は「食べます」の目的語)

教師としては、ハが格助詞ではないことを認識しておいて、区別が必要な段階になってから、より正確な説明をすればよいと思います。
☛ ハとガについては第5.6節参照。

2.1.3 注意すべき表現

名詞は、有情名詞［＋animate］と非情名詞［－animate］に分けることができます。存在構文では有情名詞には「Xがいる」を、非情名詞には「Xがある」を使う、などのように用いられます。

また、名詞の中には「東京駅」「市民ホール」などのように明らかに広がりのある空間を表す名詞と、「入り口」「山田さん」のように空間が第一義的意味ではない名詞とがあります。この違いは下のような表現に現れます。

(8) 市民ホールに行って待っていてください。
(9) ？入り口に行って待っていてください。
　　(Go to the entrance and wait.)

英語では上のような区別はありませんので、こういう誤用はよくあります。明らかに空間を示す名詞と言えないものには(10)のように「のところ」を補う必要があります。

(10) 入り口のところに行って待っていてください。

2.2 形容詞文

2.2.1 形容詞の活用

形容詞は人や事物の属性や状態を表す語です。活用の仕方によってイ形容詞とナ形容詞があり、どちらも述語や修飾語の機能をもっています。(1)のよ

うに形容詞が述語として使われている文を形容詞文といいます。

(1)　夕焼けが　きれいです／美しいです。（述語機能）
(2)　きれいな／美しい　夕焼けを見ました。（修飾機能）

下に活用表をあげておきます。順序は名詞文の場合と同じです。

(3)　イ形容詞

| | 丁寧体（polite form） ||
	Affirmative	Negative
Non-P	Root-i-desu	Root-ku-nai-desu
Past	Root-katta-desu	Root-ku-nakatta-desu
	普通体（plain form）	
Non-P	Root-i	Root-ku-nai
Past	Root-katta	Root-ku-nakatta

(例)　aka-i-desu　　　　　aka-ku-nai-desu
　　　aka-katta-desu　　　aka-ku-nakatta-desu

否定形は Root-kuarimasen(-deshita) もありますが、どちらか一つの形だけを導入しておいて、それが定着してからもう一つを導入するというやり方が無難です。また、ナ形容詞の否定形、ja-arimasen(-deshita) も適宜、導入します。

(4)　ナ形容詞

| | 丁寧体（polite form） ||
	Affirmative	Negative
Non-P	Root-desu	Root-ja-nai-desu
Past	Root-deshita	Root-ja-nakatta-desu
	普通体（plain form）	
Non-P	Root-da	Root-ja-nai
Past	Root-datta	Root-ja-nakatta

(例)　kirei-desu　　　　　kirei-ja-nai-desu
　　　kirei-deshita　　　 kirei-ja-nakatta-desu

2.2 形容詞文

　イ形容詞の活用練習をしていると「高かったです」のつもりで「高いでした」とか「高かったでした」など、ナ形容詞の「きれいでした」や「名詞＋でした」からの影響がしばしば見られます。このようなイ形容詞とナ形容詞の混同を避けるには、「そのレストランはおいしくなかったですけどきれいでした」のように、イ形容詞とナ形容詞のペアを意識的に作った文で練習すると定着しやすいようです。

　意味の上から、形容詞は属性形容詞と感情形容詞に分けられます。次の小節でそれぞれを見ます。

2.2.2 属性形容詞

　属性形容詞とは大小、長短、強弱、難易などを相対的に表す最も一般的な形容詞です。人や物を描写する時に特徴を全体的に述べる場合と、一部分を取り上げて述べる場合とがあります。(5)と(6)は前者の例です。

(5)　この家は大きい。
(6)　山田さんは大きい。(太っている＋背が高い)

　「一部分」を取り上げて形容する場合にはその部分がガで表示されます。結果として、(7)(8)の下線部のように「XはYが」となりますが意味的には「XのYは」とほぼ同じです。

(7)　この家は台所が大きい。(＝この家の台所は)
(8)　山田さんは目が／顔が大きい。(＝山田さんの目／顔は)

　属性・形状の認識はそもそも相対的なものであるため、個人によって受け取り方が違うことが考えられます。そうした主観を表す主体はニで示します。対照的な(contrastive)意味を表すために、よくハが後続してニハとなります。

(9)　この本は私には難しいです。
(10)　このセーターは彼女には小さいです。

　人の属性を表す場合は、他者に対する態度として捉える場合もあります。こ

の場合も全体的に述べる場合と部分的に描写する場合があります。(11)(12)は全体的な述べ方です。

(11) 山田さんは親切だ／やさしい。
(12) 山田さんは厳しい。

態度が向かう相手を特定するには目当て(target)を示すニを使います。

(13) 山田さんは<u>女性</u>に親切だ／やさしい。
(14) 山田さんは<u>子供</u>に厳しい。

2.2.3 感情形容詞

感情形容詞の代表は、「ほしい」「すきだ」「きらいだ」、さらに動詞から派生した「タイ形容詞」(「食べたい」など)があります。感覚形容詞には「いたい」「かゆい」などの生理的感覚を表すものがあります。これらの主語は平叙文では話し手、疑問文では聞き手と決まっています。感覚・感情は経験している本人にしかわからないと考えるからです。従って、下の例で(15)(16)は問題ありませんが(17)(18)のような第三者が主語になっているような文は、すわりがよくありません。

(15) アイスクリームが食べたい(主語＝話し手)
(16) アイスクリームが食べたい？(主語＝聞き手)
(17) ?(太郎は)アイスクリームが食べたい。
(18) ?太郎はアイスクリームが食べたい？

(17)は(19)のようにすると問題がなくなります。その理由として、知りにくい他人の内部感情でも(19)のように不確かな言い回しにしたり、(20)のように過去にあった話としたり、あるいは(21)のように説明として描写すれば問題がないということになります。

(19) 太郎はアイスクリームが食べたい<u>らしい</u>。
(20) 太郎はアイスクリームが食べたかっ<u>た</u>。

(21)　太郎はアイスクリームが食べたい<u>のだ</u>。

下線部はモダリティ表現と言われるものでこれについては第7章で詳しく扱っています。

2.3　指導上のポイント

　ハとガの違いは名詞文を導入するとすぐに聞かれる質問ですが、クラスが始まって2週間前後の段階では、違いをよく理解させることができなくても心配は要りません。この段階では、文の大きな構成図を把握させることが大事です。まず、ガの大きな意味として、焦点またはズームアップの機能があることを認識させると理解しやすいようです。そして、ガを使わなくてはならない場所を少しずつ導入していきます。しばらくは「主語にはハを使う」と指導する方法が現実的と考えられます。また、本来は焦点のガが使われるところであっても否定文ではよくハになると指導するのも有効です。

　形容詞文に入って「XハYガ」を導入するところで、ハとガの違いを話す機会があります。この辺から少しずつガが「主体」(＝主語)を表す場合と、それ以外に状態の対象などを表す場合があることを指導していくとよいと思います。例えば、「花<u>が</u>きれいだ」という文では「花」についているガが「きれいだ」の主体(subject)を表します。一方、「ジョンはテニス<u>が</u>好きだ」という文では「テニス」についているガは「好き」という状態の対象(object of the described state)を表し、「ジョン」が感情の主体(experiencer of emotions)を示します。形容詞に関連したハとガの使い方は第5章5.6節で扱っています。

第2章 まとめ

2.1 名詞文
- 「X は Y だ」で名詞文を作る
- Y には名詞や数詞がくる
- 身分や属性を表す名詞文の主語はハが多い「私は学生です」
- 有情名詞 [+animate] と非情名詞 [-animate]
  「犬がいる」と「本がある」
- 収容空間名詞でないもの「入り口のところに行く」

2.2 形容詞文
- イ形容詞とナ形容詞の活用
  - 「赤くない」と「きれいじゃない」
  - 「赤いバラ」と「きれいなバラ」
- 形容詞の二つの機能
  - 述語機能：(=形容詞文)になる「花がきれいだ」
  - 修飾機能：名詞を修飾する「きれいな花」
- 形容詞文に使われる形容詞は意味の上から2種類ある
  - 属性形容詞「強い」「長い」「大きい」
  - 感情・感覚の形容詞「ほしい」「いたい」

2.3 指導上のポイント
- 名詞文内のガとハの機能的意味を大まかに理解させる
- ガは焦点ズームアップ機能「私がマネージャーです」
- ハは判断文の主題を表す。初期の段階では「主語」を示すと指導しておくことも有効
- 否定文も否定の判断文と考えられ、多くの場合格助詞がハに変わる
  - A：誰が行くの？
  - B：私が行きます / 私は行きません
- 形容詞の活用練習にはイ形容詞とナ形容詞のペアを一つの文中で対比させる
  「日本語はやさしくないですけどきらいじゃないです」
- 感情・感覚形容詞の主体は一人称 / ただし、よく省略される
  「(私は)頭がいたい」（主体＝私）

第3章 動詞

> **この章の要点**
>
> 3.1 活用の仕方による動詞の三分類
> 3.2 状態動詞と動態動詞
> 3.3 自動詞と他動詞
> 3.4 意志動詞と非意志動詞
> 3.5 指導上のポイント

　動詞に関する項目はたくさんありますので、いくつかの小節に分けて扱っています。この章では、まず活用の仕方によって動詞を三つに分類し、次に文法を考えるのに大事な概念を整理します。

3.1 活用の仕方による動詞の三分類

　動詞は活用の仕方によって分類することができます。その際に、動詞のよび名が教科書によって違いますので、下の(1)のように整理しておきます。右端は、日本の学校文法で使われてきた従来のよび名です。これは英語圏ではあまり使われていませんが、国語辞書には［他／一］（＝他動詞／一段動詞）などの記述が見られますので、参考にあげてあります。

(1)　活用による動詞の三分類

米国での用語	例	学校文法
Ru-verb, Vowel-verb	見る、食べる	一段動詞
U-verb, Consonant-verb	書く、飲む	五段動詞
Irregular verb	来る、するの二つだけ	不規則動詞

　米国での用語の由来を簡単に見ておきます。これらは全て普通体(plain form)または辞書形(dictionary form)に基いた名前です。例えば「見る」"mi-ru" では、語幹(root)の "mi" に注目する場合は Vowel-verb(母音で終わる動詞)とよび、活用変化する部分の "ru" に注目する場合は Ru-verb とよばれます。

(2) 一段動詞の活用表(Ru-verb, Vowel-verb)

	丁寧体(polite form)	
	Affirmative	Negative
Non-P	Root-masu	Root-masen
Past	Root-mashita	Root-masen deshita
	普通体(plain form)	
Non-P	Root-ru	Root-nai
Past	Root-ta	Root-nakatta

(例)
mi-masu	mi-masen	mi-ru	mi-nai
mi-mashita	mi-masen-deshita	mi-ta	mi-nakatta

(3) 五段動詞の活用表(U-verb, Consonant-verb)

	丁寧体(polite form)	
	Affirmative	Negative
Non-P	Root-imasu	Root-imasen
Past	Root-imashita	Root-imasen deshita
	普通体(plain form)	
Non-P	Root-u	Root-anai
Past	Root-ta	Root-anakatta

(例)
kak-imasu	kak-imasen	kak-u	kak-anai
kak-imashita	kak-imasen-deshita	kai-ta	kak-anakatta

「書く」"kak-u" も同様に、語幹の "kak" を見れば Consonant-verb(子音で終わる動詞)、活用変化する部分の "u" を見れば U-verb となります。

"kai-ta" の語幹は "kai" であり、他の語幹 "kak" と違いますが、この二つは下のように説明されます。"kak" は特定の音の環境(過去のタやテ形の前)では "kai" になりますが、その意味・機能は "kak" と全く同じです。つまり "kak" グループには "kak" と "kai" の二つの形があり音の環境によって使い分けられると考えます。この場合、"kak" と同じ意味・機能を表す "kai" を "kak" の異

3.1 活用の仕方による動詞の三分類

形態(allomorph)といいます。「着く－着いた」「泣く－泣いた」などにも同じ現象が見られます。

不規則動詞(Irregular verb)の名前は、語幹の形がひとつではないことからきていると考えられます。

(4)　不規則動詞の活用表(Irregular verb)

	丁寧体(polite form)			
	Affirmative	Negative	Affirmative	Negative
Non-P	shi-masu	shi-masen	ki-masu	ki-masen
Past	shi-mashita	shi-masen-deshita	ki-mashita	ki-masen-deshita
	普通体(plain form)			
Non-P	su-ru	shi-nai	ku-ru	ko-nai
Past	shi-ta	shi-nakatta	ki-ta	ko-nakatta

「する」の場合 "su-ru" "shi-nai" のように語幹が "su" になったり、"shi" になったりします。また、「来る」の場合には "ku-ru" "ko-nai" "ki-ta" というように、三つの語幹があります。従って、これらは語幹が一定している一段動詞(mi-ru, mi-nai)や五段動詞(kak-u, kak-anai)と区別されます。

一般に「デス・マス」体の練習が終わると、普通体(または別名「辞書形」dictionary form)に進みます。早い時期に活用をきちんと整理することが大事です。そのために、多少の工夫をして指導する必要があります。

次の「U-verb/Ru-verbの見分け方」は普通体の動詞の語尾を観察して二つの動詞タイプを判別する方法を示したものです。図は左から右に見ていきますが、まず左端の "-u" は日本語の動詞の普通体が全て "-u" で終わることを示しています。次のステップは、"ru" で終わらない場合(non-ru ending)と "ru" で終わる場合(ru-ending)に分けられます。前者の場合はこの段階で当該の動詞が "U-verb" であると判断できます。さらに後者の "ru" で終わるケースが二通りあって、"-aru, -oru, -uru" のいずれかで終わる場合には、この時点でその動詞が "U-verb" であると判断できます。"-eru, -iru" の場合はたいてい "Ru-verb" と言えます。ただし "kaeru"(帰る)、"hairu"(入る)などに見られるように例外がありますので、これらは個別に覚えるようになります。

(5) U-verb/Ru-verb の見分け方 (plain form)

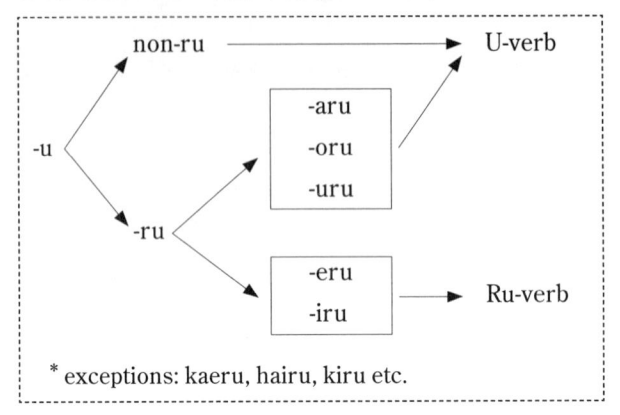

```
         non-ru ─────────────────→ U-verb
            ↗
  -u           ┌──────┐
            ↗  │ -aru │
            ↗  │ -oru │ ─────→ U-verb
            ↘  │ -uru │
     -ru      └──────┘
            ↘  ┌──────┐
               │ -eru │
               │ -iru │ ─────→ Ru-verb
               └──────┘
```
* exceptions: kaeru, hairu, kiru etc.

上の図を説明した後に下のような練習で、語の意味がわからなくても U-verb/Ru-verb を判別ができることに気づかせることができます。

◆ 次の動詞の verb type を言ってください。
1. かく　　2. よむ　　3. いる　　4. おきる　　5. たべる　　6. ねる
7. ある　　8. かう　　9. のむ　　10. はなす　　11. よむ　　12. いく
13. およぐ　14. きく　　15. たつ

答え：4, 5, 6, は Ru-verb、3 は「居る」なら Ru-verb、「要る」なら U-verb、他は全て U-verb.

丁寧体 (polite form) しか習っていない段階では、動詞のタイプを知るためには普通体 (plain form) に直す必要があります。この場合、丁寧体の語末が "emasu" で終わるものは、全て Ru-verb になります。語末が "imasu" の場合は、Ru-verb/U-verb のどちらの可能性もありますので、それぞれ覚えることになります。

(6) 丁寧体から普通体を知る手がかり
　　a. 語末が "emasu" なら全て Ru-verb
　　　　tabe-masu, mie-masu, ne-masu (masu をとって ru)
　　b. 語末が "imasu" なら Ru-verb、または U-verb
　　　　Ru-verb: oki-masu, sugi-masu, kari-masu (masu をとって ru)
　　　　U-verb: ik-imasu, yom-imasu, ar-imasu (imasu をとって u)

(6)が示すように、Ru-verb 語末の "emasu" や "imasu" にある最初の母音(e と i)は語幹の一部です。しかし、U-verb の場合、"imasu" の最初の母音は語幹ではなく、子音で終わるモーラができるのを避けるために挿入されたものです(例えば ik+masu → ik-i-masu)。日本語では例外(促音と撥音)を除いて子音がモーラになることができません。U-verb(=Consonant-verb)に "masu" をつけると子音で終わるモーラ(例：ik-masu)ができてしまいます。これを避けるために、母音 "i" を挿入します。

3.2 状態動詞と動態動詞

　動詞は、テイル形があるかどうかによって、大きく状態動詞(Stative V)と動態動詞(Non-Stative V)に分けられます。状態動詞には、人や物の状態を表す「居る」「要る」「ある」「できる」(=can)「わかる」「見える」「聞こえる」などがあります。(1)が示すように、状態動詞には、ほとんどの場合、テイル形はありません。また、テイル形がある場合でも、(2)のようにアスペクトの対立(=スルとシテイルの意味的違い)はほとんど感じられません。

　　(1)　ある－*あっている；居る－*居ている；
　　　　（日本語が）わかる－*わかっている
　　(2)　違う－違っている；関係する－関係している；聞こえる－聞こえている

　動態動詞は、人・物の動きや変化を表し、テイル形があります。動態動詞はテイル形が動作の継続を表すものと、変化した状態の継続を表すものとに分けることができます。前者には「食べる」「見る」「遊ぶ」などがあり、後者には「死ぬ」「行く」「来る」などがあります。

　　(3)　食べる－食べている；見る－見ている(動作の継続)
　　(4)　死ぬ－死んでいる；行く－行っている(状態の継続)

　一般に、状態動詞のル形は現在を表しますが、動態動詞のル形は未来を表

します。動態動詞で現在を表すには(7)のようにテイル形を使う必要があります。[1]

(5)　すしを食べる；映画を見る(未来)
(6)　ピアノができる；アメリカにいる(現在)
(7)　すしを食べている；映画を見ている(現在)

☛ 状態動詞、動態動詞の詳細については第6.3節参照。

3.3　自動詞と他動詞

　動態動詞は自動詞(vi)と他動詞(vt)に分かれます。この区別は西洋文法の分類で、例えば英語の場合、「他動詞とは受身文を作ることができる動詞である」というように使うことができます。つまり、目的語を要求する動詞かどうかによる分類です。これを日本語に当てはめた場合、ヲで標示された目的語があるかどうかということになります。(1)と(2)ではそれぞれ「窓」と「メアリー」が目的語と考えられます。従って、(1)の「開ける」と(2)の「しかる」は他動詞ということになります。一方、(3)と(4)は目的語を要求しませんので、自動詞ということになります。そして、他動詞からは直接受動文を作ることができますが、自動詞文からはできないと説明されるわけです。

(1)　ジョンが窓を開ける。
(2)　ジョンがメリーをしかる。
(3)　窓があく。
(4)　人が走る。

　しかし、日本語ではこの分類が問題なく当てはまるわけではないので注意が必要です。学校文法では、ヲ格の名詞句をとる動詞は全て他動詞とされてい

---

[1] 本書では、述語(動詞、イ/ナ形容詞、名詞+ダ、のこと)のテンスを非過去形(non-past form)と過去形(past form)とに区別します。また、動詞の普通体(plain form)については非過去形をル形、過去形をタ形とよぶことがあります。

ます。ですから、そういうヲ格の名詞句を主語にして直接受動文ができると期待してしまいますが、下の例は必ずしもそうでないことを示しています。(5)と(6)のヲ格はそれぞれ、「移動経路のヲ」、および「分離のヲ」とよばれます。これらのヲがついた名詞を主語にして直接受動文を作ることはできません。

(5)　ジョンが橋を渡る。(学校文法の他動詞)

(6)　去年、メアリーは大学を卒業した。(学校文法の他動詞)

(7)　＊橋がジョンに渡られる。
(8)　＊去年、大学がメアリーに卒業された。

また、(9)の「かみつく」と(10)の「反対する」は学校文法で自動詞とされています。自動詞の場合、一般に(13)のような間接受動文は可能です。しかし、直接受動文はできないものとされています。ところが、(11)と(12)は自動詞文から直接受動文が可能であることを示しています。

(9)　犬がジョンにかみついた。(学校文法の自動詞)

(10)　メアリーがジョンの意見に反対した。(学校文法の自動詞)

(11)　ジョンが犬にかみつかれた。

(12)　ジョンの意見がメアリーに反対された。

(13)　昨日、ジョンが雨に降られた。(間接受動文)

そもそも直接受動文とは、能動文中の動作の受け手を主語にして書く文です。従って、直接受動文ができるかどうかは、もとの能動文に動作の受け手があるかどうかで、その受け手に当たる名詞がヲ格で標示されているかどうかではない、ということが言えます。別の言い方をすると、「かみつく」や「反対する」のように他動性がある(自)動詞の場合には直接受動文ができ、「渡る」や「卒業する」などのように他動性が弱い(他)動詞の場合にはそれができないことがわかります。しかし、一般の国語辞典ではヲ格の名詞句をとる動詞だけが他動詞となっていますので、指導の際には注意が必要です。

3.4　意志動詞と非意志動詞

　自・他動詞と共にこれも動詞の意味的下位分類です。この違いもよく文法の説明では使われます。動詞の表す事態が主語の意志によるものは意志動詞（Volitional V）、そうでないものは、非意志動詞（Non-volitional V）とよばれます。例えば、「見る」は意志動詞ですが、「見える」は非意志動詞と考えられます。この区別を使って、学習者によく見られる(1)のような例が、どうして不適格文になるかを説明することができます。

　　（1）　＊窓を開けると、鳥が飛んでいくのを見ました。
　　　　　I saw birds flying away when I opened the window.
　　（2）　昨日、鳥が飛んでいくのを見ました。
　　　　　I saw birds flying away yesterday.

　(1)の下線部は不自然ですが、その同じ表現が(2)では問題ありません。ですから、(1)の問題は下線部単独の問題ではなく、それに先行する部分に関係がある問題と考えられます。実は全くその通りで、(1)のような時を示す従属節（ト節）に続く主節（下線部）には、意志動詞を使うことができないのです。日本語では、外界の刺激を認知した時に、それが不可避的・受動的であった場合には、知覚動詞（ここでは、見える）を使って表します。ところが、英文では、このような区別をしませんので、説明に困ることがあります。しかし、非意志動詞と意志動詞の区別を理解していれば、上のような不可避的・受動的なニュアンスを伝えるには「(鳥が空を飛んでいくのが)見えました」のように、非意志動詞を使うよう学習者にアドバイスすることができるわけです。

☛ 意志・非意志動詞については第6.3節も参照。

3.5　指導上のポイント

　動詞は通常、丁寧体（マス form、または polite form）から導入します。丁寧体を練習する段階では動詞の活用はあまり難しくありません。しかし、普通体（plain form）の導入と同時に活用をしっかり習得しておかないと、後に影響し

ます。特に日本語の従属節では、述語はたいてい普通体が使われます。例えば「*東京で会いました人」は「東京で会った人」でなければなりません。「会った」はU-verbの普通体・過去形ですが、これがわからないと従属文を正しく書くことができません。ということは長い文が書けないということになります。U-verbはRu-verbと違って、過去形及びテ形の活用がやや不規則ですので注意が必要です。テ形はまた、テイル、テアル、テシマウなどのアスペクト表現にも欠かせないものです。普通体の導入時期は、しばしば漢字の導入時期などと重なるため、注意が分散しがちになることもあります。動詞の普通体の活用と助詞の使い方がしっかり習得されていないと、日本語の学習は前に進めないと言えますので、学習者にも絶えずそのことを伝えることが大事です。

動態動詞のテ形は動作や状態の継続を表すことがありますが、一般に状態動詞にはテ形は、ありません（例：ある-*あっている／いる-*いている）。状態動詞にテ形がないのは、形を変えずに状態の継続を表すことができるからです。こうした意味の面からの説明も記憶の助けになるでしょう。また、状態動詞は一般に自動詞であり、非意志動詞です。しかし、存在の「いる」は例外で意志動詞です。

英語を母語とする学習者には英語の受動文の主語と能動文の目的語が対応していることを示して、目的語の意味を確認することがしばしば有効です。日本語の目的語はたいていヲ格で標示すると説明しても、目的語の意味が理解できない場合がよくあるからです。

非意志動詞（Non-volitional V）は、基本的には、話し手の意志ではコントロールできない動きを表す動詞[–control]とも言われます。しかし、「何があっても驚かない/驚かないつもりです」のような否定文の時には、意志の表現ツモリデスと共起することができます。

第3章 まとめ

3.1 活用の仕方による動詞の三分類
- -ru で終わらなければ U-verb
- -aru、-oru、-uru で終われば U-verb
- -iru、-eru で終わればたいてい Ru-verb
    - 例外は「入る」「帰る」「切る」など

3.2 状態動詞と動態動詞
- 状態動詞「ある」「居る」「要る」「できる」「見える」
  – 非過去が現在を表す / テイル形がない、あっても意味があまり変わらない
    - 「ある -*あっている」「違う-違っている」
- 動態動詞
  – 非過去が未来を表す「食べる」「見る」
  – テイル形が動作の継続を表す「食べている」「見ている」
  – テイル形が変化状態の継続を表す「着ている」「死んでいる」

3.3 自動詞と他動詞
- この分類の問題点
  – 他動詞/自動詞の分類は直接受動文ができるかどうかの決定的な手がかりにはならない
    - 「ジョンが犬にかみつかれた」（自動詞なのに直接受動文ができる）
    - 「*橋がジョンに渡られた」（他動詞なのに直接受動文ができない）

3.4 意志動詞と非意志動詞
- 話し手による事態の制御可・不可による分類
- 非意志動詞の例：状態動詞（居るを除く）、受動の感情動詞、感覚動詞など

3.5 指導上のポイント
- 普通体の活用形がいかに大事かを絶えず知らせて練習の動機とする
- テイル形は動作の継続、または事態変化後の状態継続を表すことを理解させる

第4章 指示詞コソアド

この章の要点

4.1 種類と形
4.2 場面指示と文脈指示
4.3 述語の代用：ソウスルとソウダ
4.4 指導上のポイント

4.1 種類と形

「コソアド表現」とも言われる指示詞(demonstrative)は代名詞になるものと修飾語になるものとの二つに分かれます。

(1) 代名詞になる指示詞(demonstrative：pronoun)

		物事	方角	場所	丁寧体
基本形		これ	こっち	ここ	こちら
		それ	そっち	そこ	そちら
		あれ	あっち	あそこ	あちら
疑問	物	どれ	どっち	どこ	どちら
	人	だれ	—	—	どちら

「方角」の指示詞は(2)のように二者択一の選択肢にも使われます。

(2) A：どっちがいいですか。
　　B：こっちがいいです。

丁寧な表現には、物事・方角・場所のどれにも共通の「丁寧体」（表の右端）が使われます。修飾語になる指示詞は、名詞を修飾する場合(連体形)と述語を修飾する場合(連用形)があります。

(3) A：この本（ドノ連体形：which-prenominal）
　　B：あんな本（ドンナ連体形：kind-prenominal）
(4)　そう言いました。（連用形：advervbial）

　連体形には、ドノ連体形とドンナ連体形の二種類があります（これらは本書の用語です）。ドノ連体形は、指示しているものが「ドノ N」かを示す（which-pronominal）形です。英語を母語とする学習者は「which（＝どれ）」に名詞が後続しても「which book」となり「which」の形が変わらないため、この連想から「どれ本」という間違いをよくします。ですから、名詞の修飾語として使われる指示詞は形が変わることを認識させる必要があります。ドンナ連体形は、「ドンナ種類・属性の N」であるかを示す形（kind-prenominal）です。これらの連体形はいつも名詞の前に現れることから"prenominal form"といわれます。連用形は動詞の前に現れますので、本書では"adverbial form"とよびます。

(5)　修飾語になる指示詞（prenominal/adverbial form）

		ドノ連体形	ドンナ連体形	連用形
基本形		この	こんな	こう
		その	そんな	そう
		あの	あんな	ああ
疑問	物	どの	どんな	どう
	人	だれの	—	—

　修飾語になる指示詞の場合には、独自の丁寧体はなく(6)のように助動詞の「ようだ」の活用形を使ってやや公式（formal）な感じを出します。

(6) A：このような本
　　B：このようにおっしゃいました。

また、「連用形＋いう」でドンナ連体形と同じ意味を表すことができます。

(7) A：こんな本を読んだことがある。
　＝B：こういう本を読んだことがある。

4.2 場面指示と文脈指示

4.2.1 場面指示

場面指示とは、現在話をしている場面にある物を指し示すのに使われる用法です。話し手に近いものにはコ系、聞き手に近いものにはソ系、そして話し手からも聞き手からも離れているものにはア系を使います。

(1) <u>これ</u>は私の家の写真です。(this)
(2) <u>それ</u>は何ですか。(that)
(3) <u>あれ</u>はアメリカの地図です。(that over there)
(4) <u>どれ</u>が学校ですか。(Wh-question)

4.2.2 文脈指示

文脈指示とは、談話の中で話し手や聞き手の「言ったこと」を指し示す用法です。(5)のように四つに分類することができます。

(5) 指示詞の文脈指示用法

	指示内容	コ系	ソ系	ア系
5a	話し手が今から発言する内容	○	△	△
5b	話し手自身が直前に発言した内容	○	○	×
5c	聞き手(話し相手)が直前に発言した内容	×	○	×
5d	話し手と聞き手の共有情報	×	×	○

△＝特定の文脈で可

(5a)はすでに発話されたことではなく、これから話す内容であるのが特徴で、他の指示詞とはやや違います。この場合には、(6)のようにコ系が普通です。しかし、物語風に過去のことを思い出しながら話す時には(7)のようにソ系、ア系も使われますが、これらはどちらかというと書き言葉的表現です。

(6) <u>これ</u>はまだ誰にも話したことがないのですが…。
(7) ［<u>それ</u> / <u>あれ</u>］はまだ私が20歳前のことでした。

第4章　指示詞コソアド

　話し手自身が直前に話した内容や、話し相手が言ったことを指すには、原則としてコ系、またはソ系が使われます。

　　(8)　先生が「やめろ」と大声で言ったんだ。そしたら［この / その］一声でみんなが作業をやめたんだ。

(8)では、話し手が直前の自分自身の発話内容を指すのに、コ系あるいはソ系を使っています。コ系を使うと聞き手の眼前に話題を提示する臨場感があり、ソ系を使うと指示する内容に対して中立的な発話になることを上の例は示しています。
　(9)(10)は話し相手の発話内容を指示する(5c)の例ですが、この場合にはソ系だけが可能です。

　　(9) A：来年、アメリカに行くことになりました。
　　　　B：え、それは本当ですか。
　　(10) A：彼は若いときに両親をなくしているんだ。
　　　　B：へえ、そんなことがあったとは知らなかった。

　また、話し手と聞き手に共有の情報(5d)を指示するにはア系しか使うことができません。(11)では「山田さん」、(12)では「(話し手が)映画を見た事」についての知識が共有情報と考えられますのでア系だけが可能です。

　　(11) A：山田さんに会ったことがありますか。
　　　　B：ええ。［*この / *その / あの］人とっても面白いですね。
　　(12)　ぼくはさっき、昨日、映画を見たと君に言ったが［*これ / *それ / あれ］は嘘だ。

　共有情報は、心理的な距離が話し手から見ても聞き手から見ても同じ（ぐらい遠い / 近い）と考えれば、場面指示におけるア系の使い方と呼応していると言えるでしょう。また、不特定多数の読者に向かって書いた文では共有情報の存在は考えにくいため、ア系は使われません。例外的に、広告文などには不特定多数の相手に向かってア系を使う例が見られます。

(13) あのETの感激がまた甦る！

(13)は「ETを見た時の感激」が、誰でも知っている共有情報であると訴えることによって、読者の共感や興味を誘う試みと考えられます。

4.3　述語の代用：ソウスルとソウダ

指示詞が述語を代用することがあります。但し、動詞にはソウスルを使い、「名詞＋ダ」にはソウダを使います。

(1) A：行きますか。
　　B：ええ、[行きます/そうします]。
(2) A：学生ですか。
　　B：ええ、[学生です/そうです]。

イ・ナ形容詞の場合は(3)(4)が示すように代用形がありません。繰り返しを嫌って(5)のように程度の副詞を使い、その後を省略することもあります。

(3) A：高いですか。
　　B：ええ、[高いです/＊そうです]。
(4) A：きれいですか。
　　B：ええ、[きれいです/＊そうです]。
(5) A：[たかいですか。/きれいですか]。
　　B：ええ、とっても。

4.4　指導上のポイント

一般に下のような誤用がよく見られます。

(1) ＊これ本を下さい。（Give me this book, please.）
(2) ＊メリーさんの本は[2冊のうち]どんな本ですか。
　　　(Which [of the two] is your book, Mary?)

第4章　指示詞コソアド

　(1)は4.1節で先述した連体形の問題です。「this＝これ」から連想した誤用で「この本」とすべきところです。(2)は「どの」(which)のつもりで「どんな」(what kind)を使っている例です。ドノとドンナは音が似ているせいか、なかなか区別がつきにくいようです。多肢選択の練習などで文字を書いて視覚的に形を確認してから、口頭練習をすることが大事です。(3)は文脈指示の問題を示しています。

　　　(3)　　［聞き手が「先生」を知らない場合の文脈で］
　　　　　　＊私はあの先生がとても好きでした。
　　　　　　（I liked that teacher a lot.）

　学習者が高校の先生を思い出して描写する時などによく聞かれる誤用です。「あの先生」と言われても、聞いているほうとしては知らない人なので違和感があります。原因としては、場面指示では"that"を「話し手・聞き手の両方から遠い物を指す時に使う」と教わりますので、英文を訳すと上の例のように「あの」が出てくるとも考えられます。文脈指示で使うア系は話し手も聞き手も知っていることについて話す時にだけ使えることを、よく指導する必要があります。最後に(4)は代用形の問題です。

　　　(4)　A：お元気ですか。
　　　　　B：＊はい、そうです。
　　　(5)　A：学生ですか。
　　　　　B：はい、そうです。

　(4)は、「名詞＋ダ」の文でさんざん代用形を練習した後によく見られる誤用です。こうした誤用をなくすには、「そうです」「そうします」「繰り返し」の三つが対比できるようなコンテクストを作って練習をすることが必要です。(6)に例を示しておきます。形容詞、名詞、動詞などを入れ替えることで類似の練習を作ることができると思います。

(6)　繰り返し、代用(そうです、そうします)の練習例

　　　教師　　：おはようございます。今日はお元気ですか。
　　　ジョン　：はい、元気です。(形容詞は繰り返し)
　　　教師　　：ジョン君は一年生ですか。
　　　ジョン　：はい、そうです。(N デスはソウデスで代用)
　　　教師　　：じゃ、この練習をして下さい。
　　　ジョン　：はい、そうします。(V はソウシマスで代用)

第4章 まとめ

4.1 種類と形
- 代名詞になるものはコレ(物事)、コッチ(方角)、ココ(場所)など
- 修飾語になるもの(prenominal/adverbial form)
  - 連体形(prenominal form)：名詞を修飾
    - ドノ連体形(which-prenominal)
    - ドンナ連体形(kind-prenominal)：種類や属性
  - 連用形(adverbial form)：名詞を修飾

4.2 場面指示と文脈指示
- 場面指示：人や物を指す
- 文脈指示
  - これから言うコトを指す：コ系
  - 話し手自身が直前に言ったことを指す：ソ系、またはコ系(臨場感)
    「今は予算がない(これ／それ)が当面の問題だ」
  - 話し相手が言ったことを指す：ソ系
  - 話し手と聞き手の共有情報を指す：ア系

4.3 述語の代用：ソウスルとソウダ
- ソウスルは動詞の代用
- ソウダは「名詞＋ダ」の代用
- 形容詞の代用はない

4.4 指導上のポイント
- ドノとドンナ
- 文脈指示の"that"の意味
- 代用形と繰り返しを使い分ける

第5章 助詞

> **この章の要点**
>
> 5.1 種類と用法
> 5.2 格助詞
> 5.3 取り立て助詞
> 5.4 接続助詞
> 5.5 終助詞
> 5.6 助詞：ハとガ
> 5.7 指導上のポイント

5.1 種類と用法

助詞は、大きく下の四種類に分けられます。同じ形式が二つ以上の種類にまたがる場合もあります(例：格助詞のトと接続助詞のト)。

(1) 格助詞：述語と名詞の関係を示すもので、ガ、ヲ、ニ、デ、ト、ヘ、カラ、マデ、ヨリの九種類あります。一般にガは主格、ヲが直接目的格、ニは間接目的格を示しますが、同じ形式が複数の意味を表すことは珍しくありません。(例：移動場所を表すヲと直接目的語を表すヲ)

(2) 取り立て助詞：話し手が、文のある部分を取立てる時に使う助詞です。事態に対する話し手の主観を表します。話し手にとって興味のある対象は、よくハやナラの前に置かれて主題となります。また、量の多少に対する感覚も主観によって違いますが、ダケやシカを使い分けることでそれを表すことができます。この他にサエ、モなど、このグループの助詞はたくさんあります。

(3) 接続助詞：名詞と名詞、または節と節を結ぶ助詞です。並列的に名詞と名詞を接続するト、ヤ、カ、節と節を接続するガ、シなどがあります。また、従属節を作る助詞にはト、ナラ、タラなどがあります。理由を表すノデ、カラ、逆説を表すケレドモ、ノニなども従属節を作る接続助詞です。

(4) 終助詞：文末にあって聞き手、あるいは発話の内容に対する話し手の態度を示します。前者にはサ、ネ、ヨなどがあります。これらは、対人表現のモダリティ表現とも言われます。また後者には、疑問のカ、カナ、カシラなどがあります。これらは話し手が事態の真偽を判断できないために疑問を発する時に使われるもので、対事モダリティー、あるいは、事態に対する認識のモダリティ表現と言われます。

以下では、学習者の間でよく問題になるものを中心に観察します。格助詞のガは次の5.2節ではなく、5.6節でハ（取り立て助詞）といっしょに扱います。

5.2 格助詞

【A】 ト（with）と トイッショニ（together）
・動作実行に必須のペアはトで表さなければなりません。
・必須なペアでなければどちらを使ってもかまいません。

(1) ジョンはビル［と /*といっしょに］けんかした。
(2) 新しい辞書を古い辞書［と /*といっしょに］比べた。
(3) ジョンはメアリー［と / といっしょに］食事した。

上の(1)と(2)では、ペアの両方が存在しなければ「けんか」や「比較」が成り立ちません。こういう場合にはトを使います。(3)ではメアリーなしで食事することも可能です。この場合には上のような制限はありません。

【B】 カラ（starting point）と ヲ（point of detachment）
・カラは起点、ヲは離別点を示します。両方が含意されている時にはどちらも

使えます。しかし、(6)のように起点と着点の両方を一つの文で表す時にはカラしか使えません。

(4) 彼の飛行機は8時に成田［を／から］出ます。
(5) 電車［から／を］降りる時にころんだ。
(6) 電車［から／*を］ホームに降りた途端にころんだ。

(6)では、一文の中で起点(電車)と着点(ホーム)の両方が表現されているため、ヲが使えません。
所属からの離別(graduate from, resign from など)には、ヲしか使えません。

(7) 去年、大学［を／*から］卒業しました。(graduated from)
(8) この春に会社［を／*から］辞めます。(resign from)

【C】「場所＋ニ」(location)と「場所＋デ」(place of action/event)
・ニの前は場所だけ、デの前は動作・出来事が起こる場所を表します。

(9) 図書館［に／*で］面白い映画があります。(フィルムがある)
(10) 図書館［*に／で］面白い映画があります。(上映する映画の予告)

【D】手段(means)を表すデと テ形の勘違い
・英語の前置詞は名詞の前(preposition)に置くもの、日本語の格助詞は名詞の後(postposition)に置くものです。(12)のように動詞のテ形の後に置くことはできませんが、これはよく見られる誤用です。

(11) 車で行きます。
(12) *歩いてで行きます。(「歩いていきます」の意味で)

【E】方角(direction)を表すニとヘ
・どちらも方角を表しますが、ノが後続して連体用法になるのはヘだけです。

(13) 東京［に／へ］行った。
(14) 東京［*に／へ］の電車(「東京への」は電車を修飾する連体用法)

第5章 助詞

【F】マデ(until/as far as) と マデニ(by)
・マデは継続状態の終点(terminal point of continuing state)、マデニは主体の変化点(change-of-state-point)を表します。

(15) 8時までずっと勉強しました。(過去から8時までの継続的時間(duration))
(16) 8時までに帰ります。(「外出」から「帰宅」への変化点)

【G】「場所+マデ」(as far as) と「場所+ニ／ヘ」(to)
・マデは継続状態の終点、「ニ／ヘ」は方角(direction)

(17) この電車は東京駅［まで／？に／？へ］まいります。
(18) シカゴ［まで／？に／？へ］飛行機で来て、シカゴの空港からここ［まで／？に／？へ］タクシーできました。

上の例では飛行機やタクシーの終点を表すにはマデが適しています。

5.3　取り立て助詞

主題を取り立てる助詞ハは、5.6節で格助詞のガと一緒に扱っています。ここでは誤用の多いモとダケ／シカ〜ナイなどの例を見ます。

【A】「ぼくも本を買った」と「ぼくは本も買った」
・"I also bought a book." は上のどちらにも解釈可能ですので、よく混同されます。どの名詞にモをつけるべきかを、下のように視覚的に構造を明示した後に、絵カードなどを見せながら作文を指導する必要があります。

(1) ［I　also］[bought a book]　（ぼくも）
(2) ［I］[also　bought a book]　（本も）

【B】「A ト B」(A and B) と「A モ B モ」(both A and B)
・トは接続助詞、モは取り立て助詞です。

- 「A ト B」は二つを中立的につなぎます。「A モ B モ」は「A だけではなく B も」という強調の意味になります。そのため、(3)のように根拠を積極的に示す時などに適しています。

    (3) A：この仕事はジョンが適任だね。
        B1：ジョンは日本語と英語が話せるからね。
        B2：ジョンは日本語も英語も話せるからね。（根拠を強調する意図）

【C】 ダケ と ホンノ
- 英語の "only/just" は、どちらもダケと訳すことができます。ダケは取り立て助詞です。しかし、"only/just" が名詞を修飾している時には、(6)のように連体詞のホンノを使わなければなりませんが、ダケを使う誤用がよく見られます。

    (4)　　It's just/only a joke.
    (5)　　*冗談だけです。
    (6)　　ほんの冗談です。

【D】 ダケ と シカ〜ナイ
- ダケとシカ〜ナイは "only" の意味で、数量詞につくと、どちらも数量に対する主観的な解釈を表します。
- ある具体的な目的のために数量が不十分であることを表現する時にはシカ〜ナイを使います。ダケを使うことはできません。

    (7)　　1500円いるんだけど1000円［*だけある / しかない］。

当面の目的に数量が十分かどうかということが問題ではない状況では、ダケを使うこともできます。

    (8) A：いくつ買ったの？
        B：三つ（だけ買った / しか買わなかった）。

上の例が示すように、量の多少に関してはダケの方が中立的に聞こえます。

シカを使うと、話し手が標準とする数量以下であることを示すニュアンスが読み取れます。(8)では「三つ」が標準以下であると話し手が思っていることを示しています。

5.4 接続助詞

【A】 ト と "and"
- 並列接続のト(名詞＋名詞)と従属接続のト(節＋節)を明確に区別して指導する必要があります。
- 英語の "and" は名詞も節も並列接続できますが、日本語のトが並列接続できるのは名詞だけです。そのため、よく(2)のような誤用が起こります。

    (1)　名詞と名詞：Ben and Jerry（ベンとジェリー）
    (2)　節と節：I went to see a movie and saw a friend.
    　　　　　　＊映画に行きました<u>と</u>友達に会いました。

この場合、日本語では下のようにテ形を使って前半を従属節にするか、接続詞を使って二つの文にします。
☛ 従属節については第13章参照。

    (3)　映画に<u>行って</u>、友達に会いました。
    (4)　映画に行きました。<u>それから</u>友達に会いました。

接続助詞のトが節をつなぐことがあります。それは下のようにトが従属節を作る働きをしている時です。言い換えると、英語では "when" や "if" の意味を表す時です。

    (5)　春になる<u>と</u>、花が咲く。

【B】 A ト B(and) と A ヤ B(A and B among others)
- トはリストの全て、ヤは一部を示します。

(6) 先生：ジョン君の部屋にはどんなものがありましたか。
　　学生A：本とステレオがありました。（あったのは二つだけ）
　　学生B：本やステレオがありました。（二つの他にもある可能性）

【C】 シ〜シ（not only A but also B）
　　 と タリ〜タリ（A and B among other things）
・どちらも活動のリストを表わすことがありますが、その場合、タリ〜タリ節は名詞節を、シ〜シは副詞節を作ります。(7A)が示すように、前者は動詞（＝しました）の目的語相当節となることができますので、「何を」という質問に答えることができます。シ〜シには、同じことが不可能ですので(7B)は不自然です。

(7) 先生：休みは何をしましたか。
　　学生A：すしを食べたり、映画を見たりしました。
　　学生B：？すしを食べたし、映画も見ました。

しかし、主節に説明や理由を加える（＝主節を修飾する）文脈ではシ〜シが適しています。

(8) 先生：もう帰りますか。
　　学生A：？ええ、すしを食べたり、映画を見たりしましたから。
　　学生B：ええ、すしを食べたし、映画も見ましたから。

5.5　終助詞

【A】 ヨ（information marker）と ネ（confirmation marker）
・ヨは、何かを知らせる（notice）時や、警告（warning）を発する時に使われます。また、(3)は発話内容の確かさ（assurance）を強調する意味になります。

(1)　ピザが来ました<u>よ</u>。（notice）
(2)　危ないです<u>よ</u>。（warning）
(3)　試験、できてました<u>よ</u>。（assurance）

(4)は英語の tag-question と同じような使い方で、同意または確認 (confirmation)を求めるものです。

(4)　試験ができましたね。(confirmation)

ヨやネは特定の聞き手や読み手に対して使われます。クラスで提出するような作文などは、手紙などとは違い特定の相手に向けて書くものではありません。しかし、上のような終助詞を使う学生がよくいますので、注意が必要です。

5.6　助詞：ハとガ

ハは取り立て助詞、ガは格助詞です。英語ではそれぞれ、topic marker, subject marker などとよばれます。ハは、主題(topic/theme)や対比(contrast)を表します。ガは主に、主体の動作や状態(action/state)などを表します。

5.6.1　主題(topic)を表すハの基本的機能

ハは文の主題を示します。主題とは、話し手が主観的に選択する話題のことです。主題を含む文は(1)のような形式で、主題についての説明をする文構造になります。主題の位置には様々な語句がきますが、名詞または名詞句がくる例から見ていきます。[1]

(1)　主題　ハ　述語

主題を持つ文を有題文といいます。有題文の特徴をもう少し詳しく見る前に、「主語」と「主題」の違いを整理しておきます。

主語は動作や状態の主体を表します。「ぼくが行きます」の「ぼく」は動作の主体、「夕焼けがきれいです」の「夕焼け」は状態の主体です。これらの例ではガは格助詞です。格助詞とは、名詞が述語に対してどんな格関係になっているかを示す助詞です。上の場合はどちらの名詞も主格であることが、ガで示されています。つまり、どちらの名詞も主語です。

---

[1] ニハ、デハ、カラハなど格助詞に後接するハの例は5.6.3節参照。

5.6 助詞：ハとガ

ハは格助詞ではないので、述語と名詞との関係を表すものではありません。話し手が話題として選んだ名詞（＝主題）を表します。次の(2)では「ピザ(は)」は文の主題ですが、主語ではありません。

(2) <u>ピザ</u>は花子がつくる。（「ピザ」は主題、目的語）
(3) <u>ピザ</u>は　花子が　____つくる。（「ピザ」は目的語）
(4) <u>花子</u>はピザをつくる。（花子は主題、同時に主格）

(2)の元の文は(3)と考えられます。(3)の「ピザ」は述語「つくる」の目的語です。これが主題化されて文頭に出て「ピザは」になったものと考えます。このように、主題になっても元の格関係は変わらないということをおさえておきましょう。(4)の「花子」は「つくる」という動作の主体ですから主語です。主語の位置のまま主題化されて「花子は」になったと考えられます。

主語と主題の違いが整理できましたので、主題を含む有題文を詳しく見ていきます。有題文とは主題をとりあげて、それについて話す文のことです。これは、会話の自然な姿を頭に描くと考えやすいです。最も基本的な会話には、話し手と聞き手がいます。そして、二人の会話の中ではお互いがよく知っていることが話題になりやすいと言えます。例えば、お互いの家族（「うちの主人」「お宅の奥さんなど」）や会話中に指示できるもの（場面指示と文脈指示を含む）などは、主題となって文の表層に現れやすい名詞（句）です。話し手や聞き手は、文脈からわかることが多いため省略され、多くの場合に表層には出てきません。

(5) <u>お宅のご主人</u>は毎晩遅いの？
(6) <u>お手洗い</u>はこっちですよね。（場面指示）
(7) （ある人の話の後で）<u>その人</u>は娘の中学校の同級生なの。（文脈指示）

また、一般常識として誰でも知っている（と思われている）もの、例えば、公的機関や自然現象なども主題の位置に来やすいです。

(8) <u>政府</u>は何を考えているのかな？
(9) <u>地球</u>は自転しながら太陽の回りを公転している。

第5章　助詞

次は有題文の述語になりやすい語ですが、これは一般に恒常的な属性を表す状態述語と言えます。状態述語とは、名詞述語、イ・ナ形容詞、それと状態動詞のことです。

(10)　(私は)もうおばあちゃんです。　(名詞述語)
(11)　おとなりのご主人は背が高い。(イ形容詞)
(12)　(あなたは)純情だ。(ナ形容詞)
(13)　明日、ぼくは家にいる。(状態動詞)

主体の恒常的な属性の意味については、上の例文を「今日は天気が悪い」という文と比較するとよくわかります。後者では、述語が表しているのは恒常的な属性ではなく、主語(＝天気)の一時的な状態と言えます。

以上、有題文を作るのがハの基本的な機能です。そして、その構造は「既知の情報＋ハ＋状態述語」で、主題が先頭にある文であることがわかります。

5.6.2　対比(contrast)を表すハ

ハは事態の対比を表す時にもよく使われます。対比を示す場合、典型的にハが二回現れます。

(14)　太郎は学生ですが吉田さんは先生です。
(15)　ビールは飲みますが酒は飲みません。

(14)では主格の「太郎」と「吉田さん」が、(15)では目的格の「ビール」や「酒」が対比的に表現されています。

5.6.3　主題の範囲を限定するハ

時間的・空間的範囲を示す句に、ハを後接させることがあります。このハは範囲を限定した言い方になりますので、範囲の外の事態との対比の意味が感じられます。

(16)　鎌倉には大仏があります。
(17)　東京では雪が降りました。

(18) 8月15日には広島で会議があります。
(19) アメリカからはジョーンズさんが来ました。

(16)(17)からハを取り除いた(20)(21)には対比が感じられません。他の例にも同じことが言えます。

(20) 鎌倉に大仏があります。
(21) 東京で雪がふりました。

このような対比の意味は、ハが言及の範囲を限定することから自然に発生するものです。ですから、上の形式であっても必ずしも話し手が対比を意図しているとは限りません。また、対比を意図していなくても上の形式を使わなくてはならない時があります。これは習得が難しく、下のような誤用がよくあります。

(22) 先生：鎌倉にはどんな名所がありますか。
　　　学生：鎌倉［？に／には］大仏があります。

ここでは対比を意図していませんが、ニハの使用は必須です。従って、(22)の学生の発話では先生の発話と同じように「鎌倉には」としなければなりません。この場合、場所としての「鎌倉に」が話題であることを示すためにハが要求されるものと考えられます。「場所に～がある」という存在文形式は、下の例が示すように場所(あるいは文全体)が新情報を表す時に使います。

(23) A：どこに大仏がありますか。／大仏はどこにありますか。
　　　B：鎌倉に(大仏が)あります。／(大仏は)鎌倉にあります。

一方、上の(22)では「鎌倉(に)」が新情報でないことは明らかです。従って「鎌倉には」として、場所としての鎌倉(＝鎌倉に)が話題であることを表示しなければなりません。
「鎌倉には大仏があります」という文のハが対比を意図しているのか、あるいは話題を意味しているのかは、文脈によって決まります。下の例では対比が

明らかです。

> (24) 先生：東京には東京タワーがありますけど鎌倉にはどんな名所がありますか。
> 学生：鎌倉には大仏があります。

5.6.4 ガの基本的機能

Kuno(1973)によると、ガには総記(exhaustive listing)のガと中立叙述(neutral description)のガとがあります。「総記」とは存在するものを余すところなく総て記述するという意味で、(25)(26)がその例です。

> (25) 山田君が委員長だ。（総記）
> (26) この本が一番面白い。（総記）

(25)では、「山田君」のほかには委員長がいないことを意味します。(26)も唯一を表していることは明らかです。これが総記の意味です。

主題のハのところで、有題文の典型的構造が「既知の情報＋ハ＋状態述語」であることを見ました。同じ構造でハをガに代えると無題文となり、その際のガは必ず「発話の現場においてはＸガ 唯一／まさに／一番 ～ダ」という総記の意味になります。

> (27) 私は年寄りだ。→私が年寄りだ。
> (28) (あなたは)純情です。→あなたが純情です。
> (29) このテレビは中国製なの？→このテレビが中国製なの？
> (30) その答えは違う。→その答えが違う。

下の例は中立叙述のガを示します。

> (31) あ、山田が来た。
> (32) 雨が降っている。
> (33) 空がくもってきた。

(31)–(33)は見たこと、気づいたことをそのまま表現した文です。このような文は、現象描写文と言われます。話し手が外界にある現場の現象を切り取って描写する文です。現象描写文は文全体で新情報を表します。主語はガで示され、述語には多くの場合、動態動詞がきます。しかし、下の例が示すように一時的な状態を表す述語の場合もあります。

(34) 酒がうまい。(イ形容詞)
(35) 夕焼けがきれいだ。(ナ形容詞)
(36) となりが火事だ。(名詞述語)
(37) こんなところに本がある。(状態動詞)

(31)–(37)は全て中立叙述のガとしてあげました。しかし、全く同じ文を、疑問語(Wh-word)で始まる質問の答えと考えると、下の例が示すように、総記のガに解釈できることがわかります。

(38) A：何がうまい？
　　 B：酒がうまい。(総記)

従って、文脈なしで総記のガと断定できるのは「既知の情報＋<u>ガ</u>＋恒常状態を表す状態述語」の時であると言えます。述語が動きや一時的状態を表している場合には、中立叙述であるか総記であるかは文脈で決まります。

中立叙述のガは、典型的に現象描写文に現れることがわかります。現象の描写には話し手や聞き手は含まれません。目の前にいる相手に対して自分や相手を現象の発見として描写することはあまりないからです。従って、一人称や二人称の名詞が主語になるのは不自然です。

(39) ? あ、<u>ぼく</u>が泳いでる。
(40) ? あ、<u>君</u>が来た。

しかし、過去の描写であれば一、二人称の主語も可能です(この意味で過去の文は厳密な意味での現象描写文ではありません)。

第5章 助詞

(41) それから、2時間ぐらいして、あなたが来たのよ。
(42) 君がいなかったから、ぼくが行ったんだ。

現象描写文の述語は多くの場合、動態動詞及びそのテイル形、状態動詞、あるいは一時的状態を表す形容詞になります。(48)のような名詞述語はまれなケースです。

(43) 山田がこっちに来る。(動態動詞)
(44) 子供が遊んでいる。(動態動詞のテイル形)
(45) こんなところに本がある。(状態動詞)
(46) 酒がうまい。(イ形容詞)
(47) 部屋が静かだ。(ナ形容詞)
(48) となりが火事だ。(名詞述語)

5.6.5 ガの使い方

ガの基本的機能はわかりました。ここからはガを使う動機の点からもう一度見直して、具体的な使い方を考えます。

ガには、言及する対象に焦点を合わせるという機能があると言えます。例えば、自己紹介する時には「私は山田です」と自分の名前を言うのが普通です。これに対して「私が山田です」という表現は「私」に焦点を合わせ、さらにそれをズームアップした感じになります。焦点化そのものはいつも総記の意味になるとは限りませんが、ズームアップはいつも総記の意味になります。総記になるか中立叙述になるかは、文脈や使用されている述語によって決まります。以下では、描写の対象に焦点をあわせるために、ガを使わなければならないケースを整理しておきます。

5.6.5.1 主格の疑問語・応答の主語(ガは動作・状態の主体)

(49) A：誰が［来ます / います］か？
   B：山田さんが［来ます / います］。

(49)では話し手が合わせたい焦点は「誰」の部分ですから、この疑問語が

ガで焦点化されていると言えます。それに対する答えも焦点であることを明示するのが普通です。答えは主格の位置にありますので、ガを使い「山田さんが」とします。「山田さんは来ます/います」と言えば、聞き手は焦点をはずされたように感じるでしょう。

5.6.5.2　現場現象描写文の主語（ガは動作・状態の主体/状態の対象）

動作や状態の主体を表すガについてはすでに何度も見ました。例文(31) – (37)などで確認してください。また、状態の対象を表すガについては、後述の5.6.5.5節と5.6.5.6節に例があります。いずれの場合も、カメラの焦点が観察や興味の中心に向けられる感覚を読み取ることができると思います。もし、疑問語を含む質問に対する答えとしてこれらの文を使えば、焦点化されるだけでなく、さらにズームアップの感じがあります。

5.6.5.3　存在文の主語（ガは状態の主体）

いわゆるアリマス/イマスの文です。ここでは、存在する主体に焦点をあてた表現で、ガは主格を表します。存在状態の主体を一つずつカメラで追っていく感覚と考えればわかりやすいと思います。

(50)　机の上に本があります。
(51)　窓の外に人がいます。

5.6.5.4　従属節中の主語（ガは動作・状態の主体）

下のような副詞節の主語、埋め込み文の主語、連体節の主語などは全てガで表示します。これらの節内においては対比のハは可能ですが、主題のハが現れることはできません。

☛ 従属節については第13章参照。

(52)　{山田［が/*は］行ったら} 売り切れていたらしい。（時の副詞節）
(53)　{ジョン［が/は*］来た時は} まだ降っていなかった。（時の副詞節）
(54)　{雨［が/*は］降ったために} 試合は中止になった。（理由の副詞節）
(55)　{君［が/*は］そこに居た} ことを覚えている。（埋め込み文）
(56)　{昨日ジョン［が/*は］買った} 本　（連体節）

5.6.5.5 状態述語の対象（ガは状態の主体・対象）

状態述語（状態動詞、形容詞、名詞＋ダ）は一般に主体の状態を表します。しかし、対象の状態を表すこともあります。この場合の主体や対象はガで表されます。

(57)の「目」は、「痛い」という一時的状態にある主体を表すものです。ここでは、外在的要因によって引き起こされた痛みの感覚は、主体に内在するものです。そして、その主体（＝主語）はガで示されています。

(57) 天気のいい日には花粉症で目が痛い。
(58) 天気のいい日には富士山が見える。

(58)の解釈は微妙です。「富士山」が、「見える」という一時的状態にある主体を表している、と考えることは可能です。そして、富士山の見え方は、天候という外在的要因によって引き起こされる一時的な状態、と考えるかもしれません。しかし、よく観察すると、「富士山」自体は、いつも同じ所にあって、それ自体が動的に変化して見え隠れするわけではありません。天候や話し手の場所などの外在的要因によって、見え方が変わるわけです。(57)と比較すると、「痛い」という感覚は「目」に内在するものです。しかし、(58)の「見える」という知覚は、「富士山」に内在するものではありません。このことは、(57)の「目」が主体であるのに対して、(58)の「富士山」は「見える」の主体以外のものであることを示しています。(58)では、潜在的な主体（＝人）にとって、「見える」状態と言える対象に「富士山」がある、と解釈することができます。そして、この(状態の)対象がガで示されていると考えます。これが、「状態の対象を表すガ」の意味です。

(59)では状態述語がナ形容詞（きらいだ）の例です。ここでも、「高い所」は状態の対象です。つまり、主体（＝主語）が「嫌い」という感情（状態）をもっている対象に「高い所」がある、と解釈できます。その対象がガで示されています。

(59) この娘は高い所がきらいだ。(This girl hates high places.)

(59)の英訳では、「高い所」(high places)が他動詞(hate)の目的語になりますので、英語を母語とする学習者の間には、ガの代わりにヲを使う誤用がよく

見られます。このような状態述語は数が限られていますので、(60) – (64)のように、意味の上から動詞や形容詞を整理して指導するのが有効です。
☛ 状態の対象を表すガについては第6.3.1節も参照。

(60) 所有(ownership)
    ある(to own)
(61) 必要(necessity)
    要る(to need)、必要だ(necessary)、など
(62) 可能・能力(competence)
    できる(can)、動詞の可能形(例：聞ける [can hear])、わかる(to understand)、上手だ(be good at)、など
(63) 感情(emotions)
    ほしい(to want)、好きだ(be fond of)、こわい(be fearful of)、など
(64) 知覚(unintentional perception)
    見える(to see)、聞こえる(to hear)、など

(63)(64)にある述語の使用には注意が要ります。これらは、話し手にしか知り得ない個人の内部的な感情や知覚を表します。従って、通常の主語は平叙文なら一人称、疑問文なら二人称と決まっています。

(65) (私は)車がほしい。 / (君は)車がほしいの？
(66) (私は)海が見える。 / (君は)海が見えるの？
(67) (私は)犬がこわい。 / (君は)犬がこわいの？

三人称の主語の時には(68) – (70)のように不確実性を表すモダリティ表現などをつけ加える必要があります。[2]

(68) ジョンはテニスが [？したい / したいらしい]。
(69) ジョンには海が [？見える / 見えるみたいだ]。
(70) ビルは犬が [？こわい / こわいようだ]。

---
[2] 同じことが5.6.5.6節の生理的感覚を表す文についても言えます。

5.6.5.6　生理的感覚の場所（ガは状態の主体）

生理的な刺激を感じている場所を示す時にも、(71) - (74)のように対象を焦点化してガで表します。英語を母語とする学習者には「かゆい目を持っています」のような誤用がよくあります。英語と日本語では構造が違いますので、注意が必要です。

(71)　目がかゆい。(I have an itchy eye.)
(72)　胃が痛い。(I have a stomachache.)
(73)　のどが乾いた。(I am thirsty.)
(74)　おなかがすいた。(I am hungry.)

5.6.6　X ハ Y ガ

ここでは、ハとガを同時に使う文を整理しておきます。個人や事態を大きく主題として捉え、その属性・特徴などを表す場合に「X ハ(主題)　Y ガ＋状態述語」という形式がよく用いられます。この表現ではハが主題で、Yが焦点となります。下に二種類の例をあげてあります。まず、(75)(76)にある「背が高い」や「欲が深い」などは、英語では一語で表される述語です。日本語でも成句またはそれに近いものとして考えることができます。

(75)　ジョンは背が高い。(John is tall.)
(76)　メアリーは欲が深い。(Mary is greedy.)

二つ目は総主構文としてよく知られている(77)のような文です。この文においては、「X ハ Y」は「X の Y」という関係になっており(78)にある X の部分が主題化されて(77)のようになったものと考えられます。(77)では「長い」が「鼻」の属性でもあり、かつ「鼻が長い」が「象」の属性でもあるところが特徴です。一方(78)では「長い」は「象の鼻」の属性として述べられていると説明されますが、意味はほとんど同じと考えていいでしょう。

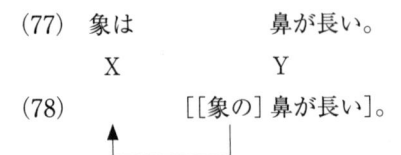

(77)　象は　　　　鼻が長い。
　　　　X　　　　　Y
(78)　　　　　[[象の] 鼻が長い]。

(79)もやはり総主構文ですが、この例は名詞述語で終わっており、「XハY ガ」のXは、述語にある名詞(＝休み)の修飾語になっています。つまり、「今週の休み」の前半部分が主題化されて前に出たために(79)のようになったものと考えられています。

(79) 今週は水曜日が休みだ。
(80) 　　　水曜日が［今週の］休みだ。

5.7　指導上のポイント

　助詞の誤用はだいたい予測できます。まぎらわしい助詞は、意味の違いを理解すれば少しずつ使えるようになります。学生が覚えやすい名前(例：デ for place of action/event)でよんで、その都度違いを認識させることが大事です。

　ハとガを使う文脈はたくさんありますので、一度に学習者に説明すると混乱をきたす恐れがあります。学習の進度に合わせて少しずつ教えて行くのが現実的と思われます。まず、大筋でガの焦点化の意味を理解させることが大事です。私は最初の学期に頃合いを見計らって、下のように説明しています。

　主語にはハまたはガを使うが、迷った時やよくわからない時は、とりあえずハを使う。ただし、下のような場合にはガを使うので覚えてしまおう。これだけで初級レベルの最初の学期は、たいてい間に合います。

(1) 主語になっている疑問語にはガ、そのような疑問語を含む疑問文に答える文の主語もガ。
(2) 存在文の主語には「PLACE ニ X ガ」とガを使う。[3]
(3) 所有(to own)、必要(to need)、知覚(to see, to hear)、感情(be fond of)、可能・能力(can do, to understand)などは英語では目的語をとるが、それを日本語ではガで表示する。
(4) 生理的感覚の場所はガで表す(Xが痛い)。

---
[3] 存在文については第8.1節参照。

第 5 章 まとめ

5.1 種類と用法
- 格助詞、取り立て助詞、接続助詞、終助詞

5.2 格助詞
- ペアが必須のト、離別点のヲ、action/event のデ、終点のマデ、変化点のマデニ

5.3 取り立て助詞
- 「ぼくも本を買った」と「ぼくは本も買った」,「A も B も」
- 「*冗談だけ」と「ほんの冗談」
- 「3本だけ買った」と「3本しか買わなかった」

5.4 接続助詞
- 並列節をつながないト とつなぐ "and"
- 「A と B」と「A や B」

5.5 終助詞
- 知らせ、警告、確かさのヨ(information marker)
- 確認、同意のネ(confirmation/agreement marker)

5.6 助詞：ハとガ
- ハの基本的機能：格助詞ではない
  - 「主題」(topic) /「対比」(contrast)
  - 主題の範囲を明示する 「東京では」「東京には」
- ガの基本的機能：言及する対象に焦点を合わせる
  - 総記(exhaustive listing)
  - 中立叙述(neutral description)
- ガの使い方
  - 主体や対象を焦点化する時に使う
  - 「ガ＋状態述語」のグループをおさえる
- X ハ Y ガの使い方
  - 成句「メアリーは欲が深い」
  - 総主「象は鼻が長い / 水曜日が今週の休みだ」

5.7 指導上のポイント
- 適切な時期が来るまではハとガの違いが明確にわからなくてもよい
- ハとガの導入は丁寧に、ガを使わなくてはならない場所を少しずつ導入する

第6章 単文のテンスとアスペクト

この章の要点

6.1 テンスとアスペクトの意味
6.2 単文のテンス
6.3 動作の継続と結果の継続を表すテイル
6.4 人為的なテアル
6.5 完了を表すテシマウ
6.6 テクルとテイク
6.7 指導上のポイント

6.1 テンスとアスペクトの意味

　テンスとは単文の場合、発話時点を基準にして事態が発生した時を示す文法システムです。例えば(1)のテンスでは、発話時点よりも前(T1)の出来事を示すには過去形(＝居た)を使い、発話時点、あるいはそれ以降(例えばT2)の出来事を表すには非過去形(＝居る)を使うという意味です。

```
                    T1      〔発話時点〕   T2
(1)   テンス    ----●----------●----------●---------▶
                   居た        居る         居る
```

　日本語の述語では(1)のように非過去形(non-past form)がしばしば現在と未来を表しますが、いつもそうとは限らないことを次の節で見ます。
　アスペクトとは、事態の動きの始まり、継続、終わりなどの局面を捉えて記述する文法システムです。アスペクト表現は、ある時点に始まった動きや状態が発話時点においてどうなっているかを問題にします。

```
                        T1                  〔発話時点〕
(2)   アスペクト    ----●∼∼∼∼∼∼∼∼∼∼∼●---------▶
```
　　　　　i.　ずっと食べている(継続)
　　　　　ii.　もう食べた(完了)
　　　　　iii.　やせている(結果状態の継続)

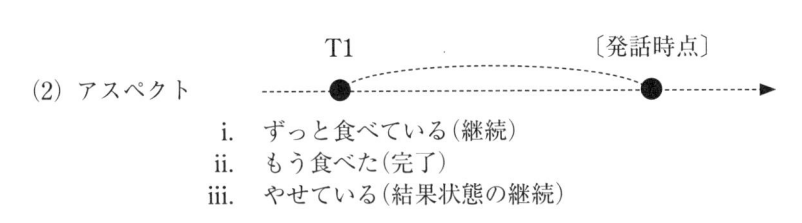

このような、ある時点と発話時点とのつながりを、(2)の図は弓型の曲線で示しています。例えば、過去のある時(T1)に起こった「食べる」という動作が、発話時点まで継続していれば「食べている」、また、発話時点に至るまでの間に完了していれば「食べた」となりますが、いずれの場合も発話時点に結びついた表現と言えます。同様に、「やせた」というT1の出来事の結果が発話時点においても続いていれば「やせている」となり、結果の継続を示します。

テイルは、動詞と結びついてアスペクトを示す代表的な形式です。そして、テイル形が表す意味は、動詞の本来の性質から来るものと文脈が作り出すものとがあります。例えば、「食べている」は現在進行中の動きを表すことができますが「死んでいる」は現在進行の動きにはなりません。この違いは、動詞の意味的性質によるものです。また、「最近よく食べている」のように、時の副詞(＝最近)や頻度の副詞(＝よく)などと「食べている」が一緒に使われると現在進行の動きではなく習慣的な動作を表します。

アスペクト形式を使って、様々な動きの局面を表すことができるのは、動態動詞だけです。状態述語(名詞述語、形容詞述語、状態動詞)はその名の通り状態を表すだけですので、アスペクト形式が共起することはありません。一部の状態動詞(違う、関係するなど)は例外的に共起することがありますが表す意味は状態だけです。

この章ではテイル、テアル、テシマウ、テクル／テイクなどのアスペクト形式を観察します。

6.2 単文のテンス

6.2.1 非過去形(non-past form)の意味

日本語では非過去形が現在または未来の事態を表します。これは状態述語か動態述語かによって決まります。状態述語(stative predicate)は非過去形が現在の状態を表します。その典型は、(1)(2)のような名詞述語と形容詞述語です。
☛ 名詞と形容詞の活用については第2章参照。

(1) 妹は学生です。(名詞述語)

(2) 頭が痛いです。(イ形容詞)
(3) 水が飲みたいです。(タイ形容詞)
(4) お金が必要です。(ナ形容詞)

非過去形が現在の状態を表す動詞述語には(5)–(9)のようなものがあります。

(5) 姉はアメリカにいます。(存在)
(6) ジョンは車があります。(所有)
(7) もう少しお金が要ります。(必要)
(8) 夜は星が見えます。(知覚)
(9) ジョンは日本語がわかります。(能力)

動態動詞(non-stative verb)の非過去形は、下のように未来の動作や出来事を表します。

(10) 今日は午後からレストランでごはんを食べます。(未来の動作)
(11) 明日、ここに人が集まります。(未来の出来事)

また、(12)(13)のように動態動詞の非過去形が「毎日」「よく」などの高頻度を表す副詞と共に使われると未来ではなく、個人の習慣や出来事の反復を表します。

(12) 私は毎日8時に起きます。
(13) 最近よく泳ぎます。

6.2.2 過去形(past form)の意味

状態述語の過去形は過去の状態や出来事を表します。

(14) 当時は学生だった。(名詞述語)
(15) あのころは物が安かった。(形容詞)
(16) 部屋には山田君がいた。(状態動詞)

動詞述語の場合には、過去形は過去だけでなくアスペクトを表しますので、注意が必要です。(17)は過去で、(18)は完了(perfective)を表しています。

(17) 先生：昨日、宿題を出しましたか。
    学生：いえ、出しませんでした。
(18) 先生：宿題を(もう)出しましたか。
    学生：いえ、［まだ出していません／*出していませんでした］。

上の例では肯定の答えにすると、どちらも「はい、出しました」と同じですので、あまり問題がありません。しかし、(18)のように否定の場合には「出さない」状態が現在まで続いていることを示します。ですから文末は過去形ではなく、未完了の意味を表すテイナイ／テイマセンを使います。

タ形にはまた、話し手の心内過去とでも言えるような用法があります。(19)は初めて見たり聞いたりした名前の確認に使われますが、(20)は過去に話し手が見た、あるいは聞いた名前の確認であることを示しています。

(19)　お名前はジョン・スミスさんですね。
(20)　お名前はジョン・スミスさんでしたね。
(21)　I think you said your name was John. (= 20)

(20)は現在のことを話していても、気持ちは過去にあるためにタ形を使っている例です。(20)の英語表現はおよそ(21)のようになります。

6.3　動作の継続と結果の継続を表すテイル

アスペクト形式をともなった(動態)動詞の意味を正しく読み取るにはその動詞に内在するアスペクト的な意味や、いっしょに使われている語を観察する必要があります。この節では、内在的アスペクトの意味を基に動詞を分類し、それぞれが、テイル形や他の語と結びついた時に、どのように意味が違うのかを詳しく見ていきます。

テイル形との結びつきを基に動詞を分類する伝統は、金田一(1976)に始ま

りました。金田一は、テイル形があるかどうかによって動詞を表1のように分類しました。

表1　金田一(1976)による動詞の分類

動詞	例
状態動詞	ある、できる、話せる、見える、など
継続動詞	読む、書く、笑う、歌う、など
瞬間動詞	死ぬ、消える、触る、決まる、など
第四種の動詞	そびえる、すぐれる、ずばぬける、など

　上から順に、テイル形のない動詞(＝アスペクト変化がない動詞)を状態動詞、テイル形で動作の継続を表すものを継続動詞、始まりと同時に動作が終わるような動詞を瞬間動詞、そして(述語としては)、いつもテイル形だけで使われる動詞を第四種の動詞としました。金田一の分類は優れたものですが、いくつか問題が指摘されています。その一つは、動作に必要な時間の長さで、継続動詞と瞬間動詞を区別することには無理があるというものです(工藤1995：45-46)。例えば、(1)(2)では「切った」「溶けた」はそれぞれ、瞬間的な動作や変化を表しています。しかし、(3)(4)では、同じ動詞が継続的な動作や変化を表しています。

　　(1)　　紙のはしで、手を切った。(瞬間的動作)
　　(2)　　お湯に入れたとたん、氷が溶けた。(瞬間的変化)
　　(3)　　3時間かかって、木を切った。(継続的動作)
　　(4)　　春になって、ようやく雪が溶けた。(継続的変化)

　こうした問題を克服するために、工藤(1995)は金田一の研究とは違った観点から動詞を分類をしています。従来、動詞は状態動詞と動態動詞の二つに分類されました。これに対して、工藤(1995)は動態動詞をさらに二つに分けました。そして、動詞全体を静態動詞、内的情態動詞、外的運動動詞の三つに分類しました。つまり、従来の状態動詞(＝工藤の静態動詞)と、動態動詞(＝工藤の外的運動動詞)との中間に、新しく内的情態動詞を認めたのです。これによって、話し手の内部での動き(＝内的情態動詞)と外部での動き(＝外的運動動詞)を区別しようとしました。工藤は内的情態動詞(＝知覚動詞、感情

動詞、感覚動詞、思考動詞)を全て、動態動詞と考えます。ところが、このグループに属する知覚動詞を状態動詞とするかどうかについては異論があり(例えば、Kuno 1973)、全て動態動詞であると言い切ることはできません。本書では、Kuno(1973)と同じように、知覚動詞を状態動詞と考えます(理由は6.3.2.1節参照)。こうした事情から、工藤の内的・外的運動という観点による分類は、本書では保留とします。そして従来通り、動詞の表す意味が状態か動態かによって、表2のように動詞全体を大きく二つに分類します。

表2 アスペクト的意味による動詞(句)の分類[1]

動詞の大分類	動詞の小分類	例
状態動詞	存在動詞	ある、居る
	関係動詞	違う、異なる
	必要・能力・所有の動詞	＃要る、＃できる、＃わかる ＃ある(所有)
	知覚動詞	見える、聞こえる、音がする、味がする
動態動詞	感情動詞	驚く、感動する、愛する、喜ぶ
	感覚動詞	震える、痺れる、(喉が)渇く、痛む
	思考動詞	思う、考える、疑う、期待する
	主体動作・客体変化動詞	上げる(raise)、下ろす、入れる、出す あげる(give)、もらう、売る、買う
	主体変化動詞	着る、履く、かぶる、脱ぐ
		行く、来る、出る、入る
		＃忘れる、＃知る、＃悟る
		生まれる、死ぬ、太る、痩せる
		晴れる、曇る、開く、閉まる
	主体動作動詞	動かす、振る、回す、燃やす
		会う、待つ、食べる、飲む
		言う、書く、聞く、話す
		遊ぶ、歩く、急ぐ、走る
		通う、過ごす、住む、勤める
		降る、流れる、吹く、揺れる

---

[1] 表2は工藤(1995)を主として、金田一(1976)、寺村(1984)、益岡・田窪(1992)、Tsujimura(1996)などを参考にしてまとめました。動詞の例で、＃印があるものは本書が加えたものです。

6.3 動作の継続と結果の継続を表すテイル

表2の分類や例は工藤（1995：69-80）からの引用が中心ですが、いくつか変更があります。例えば、工藤の静態動詞は状態動詞に変えてあります。また、状態動詞の「必要・能力・所有の動詞」は、工藤の静態動詞（＝本書の状態動詞）にはなく、本書が加えたものです。それから、工藤は知覚動詞、感情動詞、感覚動詞、思考動詞の四つを一括して、内的情態動詞とよび、内的な運動動詞と考えています。先述したように、本書では、四つのうち、最初の知覚動詞は状態動詞と考えます（理由は6.3.2.1節参照）。[2] そして、他の三つ、感情、感覚、思考の各動詞を動態動詞とします。

一般に、状態動詞は非意志的［–control］です（居る、を除いて全て非意志）。また、動態動詞には、意志的なもの（例：食べる）と、非意志的なもの（例：晴れる、生まれる）があります。受動的な意味を表す感情動詞（例：驚く、感動する、など）、それに感覚動詞は、全て非意志的な動態動詞になります。また、知覚動詞は非意志的、状態動詞と考えます。

6.3.1 状態動詞

状態動詞は、存在動詞、関係動詞、必要・能力・所有を表す動詞、そして知覚動詞の四つに大別できます。状態動詞にはアスペクト変化はありません。状態というアスペクトだけを表している、と言い換えることもできます。それにもかかわらず、ここに状態動詞をあげてあるのは、動詞全体のアスペクト的意味を確認するためです。

状態動詞に共通して言えることは、（5）が示すように、非過去形が現在を表し、動態動詞のように未来を表すことは、通常ありません。[3]（5）には未来の可能性を表す意図がありますが、ここでは状態動詞を使えませんので、「見ます」「聞きます」の可能形を使わなければなりません。

(5) 明日は、きっと素晴らしいものが［見られます／？見えます／聞けます／？聞こえます］よ。是非、一緒に行きましょう。

---

[2] Kuno（1973：138）は知覚動詞の「聞こえる」を「わかる」「できる」「要る」などと同じように、［+stative］（状態動詞）と考えています。また、Kuno（1973：79-95）はこれらの述語は「目的語」をとり、それをガで表示する述語のグループに分類しています。

[3] 「山の上に登れば海が見えます」「まっすぐ行くと駅があります」などの文は、未来を表しているのではなく、時間を超越した一般的な事実を表しています。これに対して「明日行きます」という文は「明日」という特定の未来に「行く」という行為が起こることを示す未来の文です。

第6章　単文のテンスとアスペクト

確実な予定を述べる場合は(6)–(8)が示すように「居る」「要る」「ある」などが未来を表すことがあります。

(6) (電話で)[今は、オフィスに居ます。／明日も午前中はオフィスに居ます。]
(7) 二年後に子供が大学に行きます。だから、その時はたくさんお金が要ります。
(8) 明日は図書館で日本のアニメがあります。(イベントの予定)
(9) 図書館に日本のアニメがあります。(物の存在)

(8)は、「ある」がイベントの確実な予定を述べています。ここでは「ある」が未来を表していますが、(9)のように物の存在を表す場合は、現在を表します。イベントの予定を表している時には、「ある」の前にイベントが催される場所を示すデ格が先行します。物の存在を表す「ある」の前には、物の場所を示すニ格が先行します。このように、助詞を手がかりに「ある」の意味を区別することができます。

(10)が示すように、状態動詞には通常テイル形がありません。「日本語がわかる」「数学がわかる」などという時には、特定の知識体系を獲得しているかどうかが問題になっています。このような場合は、(11)が示すように、「わかる」をテイル形にすることができません。

(10) *要っている、*できている(can)、*あっている(have)、*わかっている
(11) 日本語の能力を自己評価してください。あなたは、どれぐらい日本語が[わかりますか／*わかっていますか]。(知識体系の理解)

「わかる」はまた、(12)のように、個別の事態に対する理解や判断が可能かどうかを問題にすることがあります。この場合には、テイル形を使うことができます。テイル形を使うと、発話時点以前に得た理解・判断が、継続していることを確認する意味になります。このため、(12)のように、やや強調気味に聞こえます。

(12) A：君に俺の気持ちが、わかるのか。
　　 B：わかるよ。よく、わかってるよ。

(13)が示すように、関係を表す動詞にも、例外的にテイル形があります。しかし、非過去形とテイル形の意味の違いは、あまり顕著ではありません。

(13)　異なる－異なっている；違う－違っている

「一般的に言える状態」を表すには(14)のように非過去形を使います。テイル形はやや不自然です。しかし一時的・個別的な状態を表すには、(15)が示すように非過去形もテイル形も可能ですが、しばしば、後者の方が一時的・個別的なニュアンスを伝えるのに適しています。

(14)　英語と米語は［違います /? 違っています］か。
(15)　私の考えは、あなたのとは［違います / 違っています］か。

状態動詞は文字通り「状態」を表すものですが、何の状態を表すかについては整理が必要です。まず、存在動詞と関係動詞は主体の状態を表します（例：あります / 居ます、違います、など）。それ以外の状態動詞（例：できます / わかります、見えます、聞こえますなど）は、対象（または客体）の状態を表します。(16)では、「できます」が状態動詞で、主体は「ジョン」、「テニス」は対象と説明されます。つまり、「（ジョンが）できる」という状態は「テニス」という対象についてのコメントであると考えるわけです。

(16)　ジョンはテニスができます。(John can play tennis.)

Kuno(1973：138)は(16)のような「できます」を状態動詞[+stative]と考え、状態動詞の目的語（＝ここでは、テニス）はガ格で表示されると解釈します。英訳が示すように、(17)の「テニス」は「（プレイ）できる」の目的語に相当します。しかし、先述したように、(16)のガ格が示すものは目的語ではなく「状態の対象」と考える研究者もあります（例えば、益岡・田窪(1992：75)）。この場合、呼び名は違いますが、実質的な意味は同じです。では、どうして目的語

と言わないかというと、それには次のような理由が考えられます。状態動詞は通常、目的語をとりませんので、「テニス」を目的語というと、状態動詞の理論的統一性に問題が生じます。さらに、主語と目的語は、主体と客体との対立を表しますから、そうした対極にあるものに、同じガ格を使うと言わざるを得ないことにも抵抗があります。そこで、目的語を表すガ格と言わず、状態の対象を表すガ格としておけば、「目的語をとらない」という状態述語の一般的な性質の整合性が維持できることになります。しかし、学習者にはKuno(1973)の解釈がわかりやすいです。例えば、「動詞＜できます＞は対象の状態を表し、ガ格は状態の対象を表す」というよりも「動詞＜できます＞は状態動詞で、ガ格はその目的語を表す」と指導する方がわかりやすいことは明らかでしょう。[4]

☞ 状態動詞のガ格については第5.6.5.5節も参照

6.3.1.1　知覚動詞

　知覚動詞には「見える」「聞こえる」「音がする」「味がする」などがあります。これらの動詞は非過去形で現在を表します。また、非過去形とテイル形のちがいは、やはり、一般的と一時的・個別的の対立として現れます。一般的な可視性(visibility)や可聴性(audibility)について言う時には、(17)(18)のようにテイル形は不自然です。(19)(20)のような個別的な事態の時には、どちらも使うことができます。また、入れ替えても意味はほとんど同じと言えます。

　(17)　いつもはここから富士山がよく[見えます／?見えています]。
　(18)　普段はどちらの耳もよく[聞こえます／?聞こえています]。
　(19)　富士山が[見える／見えている]時はこちら側に座るお客が多いです。
　(20)　ビルは[聞こえる／聞こえている]のに返事をしないことがあります。

　(19)(20)では、「見える／見えている」、「聞こえる／聞こえている」が従属節の中にあることが原因で、アスペクト的意味の対立が中和されている可能性もあります。

---

[4] 主体と主語は、同じ意味です。しかし、ガ格が主語を表しているかどうかを吟味する時には、「主体」という用語が便利です。例えば、「海がきれいだ」「海が見える」におけるガ格は、一見どちらも主語を表しているようで紛らわしいです。しかし、主体を考えると違いがよくわかります。「海がきれいだ」の主体(＝主語)は「海」です。また、「海が見える」の主体(＝主語)は話し手で、「海」は状態動詞の目的語(または状態の対象)と言えます。

6.3 動作の継続と結果の継続を表すテイル

　知覚動詞が、状態・動態のどちらに属する動詞かを決めるのは、難しい問題です。動態動詞的であると考える解釈を支持する事実として、知覚動詞が仮定条件表現のバ節の中に入れない、ということがあります。

　　(21)　安ければ買いなさい。
　　(22)　いい物があれば買いなさい。
　　(23)＊いい物を見つければ買いなさい。
　　(24)＊白い煙が見えれば知らせなさい。
　　(25)＊呼ぶ声が聞こえれば、二階から降りて来なさい。

　例えば、(21)－(23)のように、主節が「買いなさい」のような働きかけのモダリティの場合、バ節には動作を表す述語を使うことができません。(21)の「安い」は、形容詞で状態述語ですから問題ありません。(22)の動詞「ある」も、状態動詞ですので適格です。しかし、(23)の「見つける」は、状態動詞ではないために不適格となります。同じように、(24)(25)の知覚動詞も、バ節に入ることができません。この事実は、「見える」や「聞こえる」を動態動詞と考えれば説明することができます。従って、これらの例は、知覚動詞が動態動詞であるとする立場を支持していると考えられます。

　一方、知覚動詞が状態動詞であることを示唆する事実もあります。それは、非過去形とテイル形の対立が知覚動詞では未分化であるという事実です。つまり、テイル形はほとんど使われず、使われた時には、顕著な意味の違いが感じられないということです(例：見える／見えている)。この傾向は、アスペクトをもたない状態述語の特徴に似ています。また、知覚動詞が表す知覚の対象は、ガ格で表されます(例：海が見える)。これも、「わかる」「できる」などの状態動詞と同様の特徴です。このような理由から、知覚動詞を状態動詞とするか、動態動詞とするかは未解決の問題ですが、本書では、知覚動詞を非意志の状態動詞と考えています。

6.3.2　感覚・感情・思考の動態動詞

6.3.2.1　感覚動詞

　感覚動詞は生理的感覚を表します。「(手が)震える」「(足が)痺れる」「(のど

が)乾く」「(傷が)痛む」などがあります。非過去形は(26)が示すように、一般的な徴候としての感覚について述べる(＝叙述する)ものです。過去形は過去に存在した感覚を示します。

(26) どうも、今日は足が痺れます。
(27) 長い間正座して、足が痺れました。

感覚動詞のテイル／テイタ形は現在／過去の感覚の継続を表します。

(28) 手が震え［ている／ていた］。足が痺れ［ている／ていた］。

「痛む」は例外で、(29)(30)が示すように、一般的な徴候にも、感覚の継続にも非過去形が使われます。なお、(31)の被害や損傷を表す「傷む」は、発音は同じですが感覚動詞ではありません。これは、主体変化動詞でテイル形が結果の継続を示します。

(29) 甘いものを食べると歯が痛みます。
(30) 昨日から歯が［痛みます／? 痛んでいます］。(感覚の継続)
(31) その部屋は壁が傷んでいます。／あの子は心が傷んでいます。

6.3.2.2 感情動詞

感情動詞のアスペクト的対立を考えるのには、(32)にある寺村(1982: 140-145)の、感情動詞の分類が手がかりになります。

(32) [A] 一次的な気の動き：驚く、感動する、がっかりする、ほっとする、など
　　　[B] 能動的な感情の動き：愛する、喜ぶ、憎む、恐れる、など

寺村(1992)によると、(32-A)のような感情動詞は、一時的に感情(気)が動き、それが何らかの表情を伴うもので、受動的な事態を表すという特徴があります。[5] また、感情の誘因を表す補語はニ格で表されます(例：X ガ Y ニ驚く)。

---

[5] 「受動性」は益岡・田窪(1991:89)による指摘です。

6.3 動作の継続と結果の継続を表すテイル

一方、(32-B)の動詞は、感情の発動を能動的に表す動詞で、目的格補語はヲ格で表されます(例：XガYヲ愛する)。そして、この補語を主語にした受動文ができますが、その際に誘因を表す補語は、ニ格または、カラ格で表される特徴があります(例：YガXニ／カラ愛される)。上のように感情動詞を分類して、(32-A)のグループからアスペクトの対立を見ていきます。(33)が示すように、非過去形は、一般的な感情を述べる(＝叙述する)時に使います。過去形は過去に存在した感情を示します。また、(34)が示すように、テイル形は過去に起こった感情の継続を表します。

(33)　彼の躍進振りには［驚きます／驚きました］ね。
(34)　彼の躍進振りには驚いていますよ。

(35)は一時的な気(＝感情)の動きの瞬間を捉えて描写した例です。このように、主体の瞬間的な感情の変化を捉えた描写では、現在のことであっても、タ形だけが可能です。このタは完了を示すアスペクト形式と考えます。

(35)　ああ、［*驚く／驚いた］。びっくりさせないでよ。

能動的な感情を表す(32-B)のグループは、非過去形が未来を、テイル形が現在を表します。(36)－(39)に例をあげておきます。

(36)　誰よりもあなたを［愛します／？愛しています］から、結婚してください。
(37)　あなたを憎んだりはしません。私は罪を［憎みます／*憎んでいます］。
(38)　あなたもよく知っているように、ジョンはメリーを［*愛します／愛しています］。
(39)　あなたに捨てられて、あの子はあなたを［*憎みます／憎んでいます］。

(36)の「愛します」は、未来の事態(将来的に誰よりも愛する)を根拠にしたプロポーズです。「愛しています」は現在の事態(今、誰よりも愛している)を根拠にした例です。本来は「誰よりもあなたを愛しています。だから結婚してください」と二文にすべきところです。

6.3.2.3 思考動詞

思考動詞には「思う」「考える」「疑う」「期待する」などがあります。このグループは二つに分けることができます。(40-A)は非過去形が現在を表す動詞で、(40-B)は一般にテイル形で現在を表します。

(40) [A] 非過去形で現在表す：思う、考える
　　　[B] テイル形が現在を表す：期待する、信じる、希望する、疑う

(41)は、(40-A)のグループの非過去形が、現在を表しています。テイル形を使うと(42)が示すように、過去に成立した思考や理解が継続していることを示し、確認や強調のニュアンスを帯びます。

(41) あなたのおっしゃる方法が一番正しいと[思います/考えます]。
(42) あなたのおっしゃる方法が一番正しいと[思っています/考えています]。

(40-B)のグループは非過去形が未来を表し、テイル形が継続を表します。(43)–(45)では、非過去形であれば、期待、信念、希望の始まりが、発話時点と同じであることを示します。テイル形であれば、発話時点よりも前から始まっていることを示します。

(43) 早急な原状回復に努力することを期待[します/しています]。
(44) 必ずや努力が実るものと[信じます/信じています]。
(45) 一日も早く、領土が返還されることを希望[します/しています]。

(46)–(49)では、発話の時点に期待などの行為が始まるのは不自然ですから、継続を表すテイル形が適格です。

(46) A：今度のボーナスは、どれぐらいになると思いますか。
　　　B：少なくても、3.5ヶ月分はあると期待[?します/しています]。
(47) A：来月には必ず返すから、もう少し待って。
　　　B：今度はほんとにお願いしますよ。[*信じます/信じてます]からね。

(48) A：赴任地の希望は出したの？
　　　B：はい、東京近辺を希望［*します／しています］。
(49)　警察はジョンのことを［*疑う／疑っている］ようだ。

次は誤用の多い、思考動詞の主語の問題を観察します。

(50)　ジョンは学生だと思います。
(51)*ジョンはこの決定が適切だと考えます。

(50)は、学習者の間でよく問題になります。それは、主節動詞(思う)の主語をジョンと考えてしまうことです。しかし、話し手の内部で起こる動きを表す動詞の主語は平叙文では一人称(または、話し手)、と決まっています。主語は明白ですから、ほとんどの場合省略されます。(51)でも、「考える」の主語は一人称が要求されますが、ジョンが主語になっているために不適格です。ジョンを削除すれば、一人称主語の文として問題ありません。また、ジョンを主語にしたい時には、(51)の文末を「考えているようです」「考えているらしいです」などと、何らかのモダリティ表現にすれば問題ありません（☞モダリティ表現については第7章参照）。次の例は、主語を明記しないと、日本語の母語話し手にとっても曖昧になる例です。

(52)　ジョンは学生だと思って［います／いました］。
(53)　ジョンは(誰かを)学生だと思って［います／いました］。
(54)　(私は)ジョンは学生だと思って［います／いました］。

(52)は、主節の主語が曖昧で、(53)(54)のいずれにも解釈可能です。このように、思考動詞のテイル形／テイタ形が使われると、主語一人称の規制が中和されます。[6] 学習者にはわかりにくいので、説明が必要です。

---

[6] 工藤(1995：90)による指摘です。工藤は、内的情態動詞(＝本書の知覚動詞、感覚動詞、感情動詞、思考動詞)がテイル形／テイタ形で使われると、テンス、人称性に関わらず、知覚、感覚、感情、思考の継続性を確認・記述する意味になる、と述べています。

第6章 単文のテンスとアスペクト

6.3.3 一般的な動態動詞

　工藤(1995:71-72)は、＜動作か変化か＞という観点と、＜主体か客体か＞という観点を組み合わせて外的運動動詞を(55)のように三分類しています。本書ではこれらを一般的な動態動詞、または単に動態動詞とよぶことにします。

　(55)　外的運動動詞の下位分類(工藤(1995:71-72))(=本書の一般的な動態動詞)

　　　　A1　主体動作・客体変化動詞：開ける、折る、消す、倒す、曲げる、
　　　　　　　　　　　　　　　　　　入れる、並べる、抜く、出す、運ぶ、作る
　　　　A2　主体変化動詞：行く、来る、帰る、立つ、並ぶ、開く、折れる、
　　　　　　　　　　　　　消える、曲がる、入る、出る、太る、就職する
　　　　A3　主体動作動詞：動かす、回す、打つ、蹴る、押す、食べる、見る、
　　　　　　　　　　　　　言う、歩く、泳ぐ、走る、泣く、飛ぶ、揺れる

　工藤の分類は、2×2で4要素の観点を基にしたものですから、四つの組み合わせを期待するところですが、(55)は三分類になっています。これは、次の理由によるものと考えられます。客体の動きや変化は、主体動作なしではあり得ません。ですから、動作とその動作が客体に引き起こす変化や動き(=動作)は、主体動作の意味の一部と考えます。そうすると可能な分類は、主体動作と客体変化を表す動詞(=A1)、主体変化のみを表す動詞(=A2)、主体動作と客体の動き(動作)を表す動詞(=A3)の三つになります。つまり、客体動作と客体変化は、主体動作の分類に吸収されるために三分類となります。

　工藤によると、A1の動詞は、非過去形が動作を表す他動詞です。また、テイル形は、主体の観点からは動作の継続を、客体の観点からは結果の継続を表します。これは例えば、「窓を開けている」という文では、主体の動作継続を表しますが、客体から見た「窓が開いている」は、通常、窓が変化した後の状態継続を示すということです。工藤は、このグループに下位範疇を二つ立てています。それは、①客体の状態変化・位置変化を引き起こす動詞［他動詞］(開ける/閉める、上げる/下ろす、暖める/冷やす、入れる/出す、など)と、②所有関係の変化を引き起こす動詞［他動詞］(あげる/やる/もらう、売る/買う、貸す/借りる、など)です。[7]

---

[7] 工藤(1995:73-78)にある動詞の例は、全てひらがなで書いてありますが、ここでは漢字表記に変えてあります。

6.3 動作の継続と結果の継続を表すテイル

　A2の動詞は一部の他動詞と自動詞からなり、非過去形が変化を表し、テイル形が変化の継続を表します。例えば、「ドレスを着る」は、主体に外見の変化を引き起こす動作です。また、「ドレスを着ている」は変化の継続を示します。同様に、「東京に行っている」という文では、主体の場所が変化した後、その結果が継続していることを表します。

　工藤は、このグループに三つの下位範疇を認めています。それには、まず①主体変化・主体動作動詞［再帰動詞］（被る、着る、脱ぐ、履く、など）があります。このグループは主体の動作が主体自身に及ぶもので、再帰動詞とも言われる他動詞です。これに続いて、②人の意志的な（位置・姿勢）変化動詞［自動詞］（行く／来る、出る／入る、座る／立つ、（人の社会的変化を示す）結婚する／離婚する、など）、③ものの無意志的な（状態・位置）変化動詞［自動詞］（晴れる／曇る、開く／閉まる、など）があります。本書では、この分類にカテゴリーを二つ加えて、再分類してあります。そして、表2の主体変化動詞は(56)の順に並べてあります。

(56)　主体変化動詞の下位分類
- 主体変化・主体動作動詞［再帰動詞、他動詞］　　（例：着る）
- 人の意志的な（位置・姿勢）変化動詞［自動詞］　　（例：行く）
- 人の非意志的な質的変化動詞［他動詞］　　（例：忘れる）[8]
- 人の非意志的な質的変化動詞［自動詞］　　（例：生まれる）
- ものの非意志的な（状態・位置）変化動詞［自動詞］　　（例：晴れる）

　A3の動詞は他動詞と自動詞の両方が属していますが、どちらも動作の継続だけを表します。他動詞の場合、主体に焦点をあてて「車を動かしている」としても、客体に焦点をあてて「車が動いている」としても、動作の継続となります。「動かす」「動く」のように、他動詞と自動詞のペアがない場合には、能動・受動のペアで考えます。つまり、主体に焦点をあてて「車を押している」としても、客体に焦点をあてて「車が押されている」としても、動作の継続を表していると言えます。自動詞の場合には焦点は主体だけで、「歩いている」「泳いでいる」などは、主体の動作継続の表現になります。

---

[8]　この分類、及び例は工藤(1995：69-78)にはありません。本書が加えたものです。

A3のグループは最も典型的な動態動詞ですので、下位範疇も多く、工藤は全部で六つに分けています。それは①主体動作・客体動き動詞［他動詞］(動かす、振る、回す、燃やす、など)、②主体動作・客体接触動詞［他動詞］(会う、待つ、触る、食べる、飲む、など)、③人の認識活動・言語活動・表現活動動詞［他動詞］(言う、書く、聞く、話す、見る、など)、④人の意志的動作動詞［自動詞］(遊ぶ、歩く、泳ぐ、走る、など)、⑤人の長期的動作動詞［他動詞、自動詞］(通う、過ごす、住む、勤める、など)、そして⑥ものの非意志的な動き(現象)動詞［自動詞］(流れる、(風が)吹く、降る、揺れる、など)が上げられています。

以下では、学習者に誤用が多く見られる、主体動作動詞と主体変化動詞のアスペクトの問題をいくつか見ておきます。

6.3.3.1　主体の動作を表す動詞

主体の動作を表す典型的な例は英語の現在進行形に相当する文です(例：今、ごはんを食べています)。しかし、日本語のテイル形の文と英語の現在進行形の文が、常に対応しているとは限りません。主体動作動詞は、特定の場所や職業に関連して、反復的動作を表すことがあります。

(57)　ジョンはケニオン大学で勉強しています。
(58)　メアリーはジュリアードでピアノを習っています。
(59)　ビルは保険会社に勤めています。
(60)　デービッドは医者をしています。

(57)(58)のような継続中の学習・練習や、(59)(60)のような、本業としての反復動作には、テイル形を使わなければなりません。英文には、テイル形を示唆する標識がないために、(61)–(64)のような英語からの和訳には、テイル形の代わりに非過去形を使う誤用がよく見られます。非過去形を使うと「ジョンはケニオン大学で勉強します」のように未来を表してしまいますので、注意が必要です。

(61)　John studies at Kenyon College. (= 57)
(62)　Mary takes piano lessons at Juilliard. (= 58)

(63) Bill works for an insurance company.（= 59）
(64) David is a doctor（for a living）.（= 60）

本分・本業の表現は、習慣的反復とは違います。その証拠に、前者は「最近＋頻度の副詞」と共起することができません。このような副詞句を伴うと、個人が本業・本分とする活動をしているという意味にとることはできません。ところが、習慣の表現は、これらの副詞句と問題なく共起できます。(65)‒(68)がこの事実を示しています。

(65)＊最近、ジョンはよくケニオン大学で勉強しています。（本分）
(66)　最近、ジョンはよくケニオン大学で勉強しています。（習慣）
(67)＊最近、メアリーは毎日、ジュリアードでピアノを習っています。
　　　　　　　　　　　　　　　　　　　　　　　　　　　　（本分）
(68)　最近、メアリーは毎日、ジュリアードでピアノを習っています。
　　　　　　　　　　　　　　　　　　　　　　　　　　　　（習慣）

また、「勉強する」「習う」などはテイル形が現在進行中の意味を表すことができますが、「勤める」「医者をする」などは本業の継続活動しか表すことができません。

6.3.3.2　主体の変化継続を表す動詞

主体の変化とは、主体の場所の変化、外面的変化、質的変化などを表します。「行く」「来る」は動作の後に、主体の場所が変わるという意味で、変化動詞と考えます。これらの非過去形は、未来の動作、及びその動作に伴う主体の場所的変化を表します。また、テイル形は、変化の結果継続を表します。(69)では、主体が移動した結果「ビルは東京にいる」という意味です。また、(70)も同様に、移動の結果「メアリーは話し手のいる所にいる」という意味になります。もし移動中であれば、いずれの場合も(71)のように「向かっています」などとする必要があります。

(69)　今日、ビルは東京に行っています。
(70)　今、メアリーは本社に来ています。

(71) 今ビルは東京に向かっています。

「います」の文を使って「東京にいます」「本社にいます」などが言えても、(69)(70)のように「行く／来る」を使って同様の意味が言えるようになるには、やはり動詞の意味的性質を認識させた上で、練習することが必須となります。

「着る」や「かぶる」は、主体の外部的変化を表す変化動詞です。これらは再帰動詞ともよばれるもので、動詞の表す動作が動作主体に及ぶものです。下の例では、(72)の動作の結果が(73)の状態となり、それが継続していることをテイル形が表しています。

(72) メアリーが着物を着た。
(73) メアリーが着物を着ている。
(74) Mary wears kimono.

このようなテイルの使い方は、英語との間に形式のギャップがあるため、よく誤用が見られます。(73)に対応する英語である(74)には、テイル形の使用を示唆する標識がありませんので、学習者はよく非過去形を使って、(75)のようにしてしまいます。

(75)＊メアリーが着物を着る。

これでは未来を表しますので、意図した意味としては不適格となります。動詞の内在的性質を示しながら、テイル形と"ing"がいつも対応するわけではないこと、さらに、主体変化の動詞についたテイルは、変化の継続を示すことをしっかり指導する必要があります。

再帰動詞が(76)のように、テイル形で現在進行中の動作を表すことがあります。しかし、このような場合には「今」のような、時の副詞を伴っていますので、これが判別の手がかりになります。[9]

---

[9] 再帰動詞は工藤(1995)の分類ではA2：主体の変化を表す動詞ですが、この場合、動作の継続を示しますので、例外的にA3になります。工藤(1995：79)はA2とA3の連続性ということで、この例外を説明しています。

6.3 動作の継続と結果の継続を表すテイル

(76) メアリーが、今、鏡の前で着物を着ている。
(77) Now Mary is putting on a kimono in front of the mirror.

主体の質的変化をあらわす変化動詞には、「死ぬ」「太る」などがあります。いずれの場合も非過去形は変化を表し、テイル形が変化の継続を表します。これらのテイル形が現在進行中の活動にはなり得ないか、あるいはなりにくいことは、(79)や(81)を見ればわかります。

(78) ジョンは去年事故で死んだ。
(79) ジョンは死んでいる。
(80) ビルはずいぶん太った。
(81) ビルはずいぶん太っている。

また、これらの動詞は、一般にある時点を境にした変化と考えられますので、「三年間」「三時間」などの継続的時間を表す数量詞と共起することができません。

(82) *ジョンは3年間死んでいる。
(83) *ビルは3年間太っている。

最後は、誤用の多い「知る」という変化動詞です。この動詞の場合は、何かを知った主体が質的変化を経験すると考えますので、(84)は(85)の結果継続を表していると言えます。

(84) これを知っています。
(85) これを知りました。

さて、(86)の正しい和訳は(87)ですが、英文にはテイル形を示唆するヒントがありませんので、テイル形が出て来ずに、代わりに非過去形を使った(88)のような誤用をよく耳にします。

(86) Do you know this person?
(87) この人を知っていますか？

(88) *この人を知りますか？

写真を見せながら"Do you know this person?"という時には、過去において知る機会があったかどうかを問題にしています。言い換えれば、「知った」という経験が過去にあったかどうか、あればそれが継続しているかどうかを聞くものです。継続を示すためには、「この人を知っていますか」というテイル形が必要です。「*この人を知りますか？」（*Are you going to know him?）は和文も英文も不適格です。

次は質問に対する答え方の問題です。

(89) A：テレビ見てた？
　　 B1：うん、見てた。
　　 B2：いや、見てなかった。

(90) A：知ってた？
　　 B1：うん、知ってた。
　　 B2：いや、［知らな／*知ってな］かった。

(89)のような質問に対してはテイタ、テイナカッタというようにテ形を使って応答するのが普通ですが、「知る」の否定の答えの場合は例外です。(90)が示すように、通常なら期待される「知って(い)なかった」は不適格で、「知らなかった」としなければなりません。これは、「知る」という経験によって主体に質の変化があれば、その変化の継続が期待できます。しかし、「知る」機会がなければ、変化継続もありませんので、テイル形を使って変化の継続を否定する動機がなくなるものと考えられます。知る機会がなかったことを示すには「知りません／知らない」を使います。「知る」の導入には、疑問文と合わせて否定の仕方もしっかり指導することが大事です。

6.3.3.3 経験・経歴を表すテイル

「一般的な動能動詞＋テイル」が経験・経歴(personal experience/history)を表すことがあります。(91)は、過去のある時期に本を五冊書いたという結果が継続していることが、経験や経歴という意味に発展したものと考えられます。

(91) 彼は過去三年に本を五冊書いている。

同じように経験を表す形式にタコトガアルがあります。(92)(93)はどちらも同じ事実(=「山田」の経験)を表していると考えることができます。

(92) 山田は三年前にその会社でアルバイトをしている。
(93) 山田は三年前にその会社でアルバイトをしたことがある。

しかし、二つの形式には顕著な違いが二つあります。まず、テイル形が経験を表すには「三年前」「三回」など、時や頻度を規定する語が必要です。

(94) 山田はその会社でアルバイトをしている。
(95) 山田はその会社でアルバイトをしたことがある。

「三年前に」をとると(92)は(94)のように断続的な反復動作の継続なのか、あるいは経験なのかがあいまいになってします。しかし、(93)は(95)が示すように経験の意味を維持できます。また、テイル形では動作が起こった過去の時間に制限はありませんが、(96)が示すようにタコトガアルは時間的にかなり遠い過去の経験にしか使えません。

(96) 昨日、山田は自転車を[盗まれている/*盗まれたことがある]。

6.4 人為的なテアル

テアル(preparation for future use)は、他動詞に後接して結果の継続状態を表すアスペクト形式です。ヲ格をとる他動詞であれば、移動の動詞(「通る」「飛ぶ」など)を除いて多くの場合テアル形が可能です。

結果の継続状態は6.3節で見たようにテイル形でも表すことができます。テイル形の場合は、ある事態が発生すると必然的に生起する結果の継続状態(例:死ぬ→死んでいる)を示します。これに対して、テアル形の場合は(1)(2)が示すように、なんらかの目的があって人があらかじめ引き起こした事態の結果を表します。

第6章　単文のテンスとアスペクト

(1)　あ、電気がつけてある。
(2)　あ、ワインが買ってある。

(1)(2)は眼前の事態を描写しており、話し手以外の者が引き起こした行為を示します。眼前の描写でなければ、文脈によって(3)のように話し手の行為の結果でもありえます。

(3)　A：パーティーでは何かおいしいものがある？
　　　B：うん。いいワインを買ってあるよ。(話し手自身が行為者)

テアル形動詞の目的語は、ガまたはヲで表されます。(4)のように、眼前の事態を描写する時はガが好まれますが、(5)のように事態を情報として伝える場合にはヲも可能です。

(4)　あ、窓 [が／?を] 開けてある。
(5)　暑いので窓 [が／を] 開けてある。

アスペクト形式ではありませんが、もくろみの表現と言われるものにテオク形があります。(6)のように非過去形では、話し手自身がある事態に備える心積もりを示します。しかし、過去形にすると(7)のようにアスペクト的な意味をもち、過去の行為が現在に及んでいる様子を表すことができます。

(6)　地震に備えて食料をたくさん買っておきます。
(7)　地震に備えて食料をたくさん買っておきました。
(8)　地震に備えて食料をたくさん買ってあります。

(7)と(8)はほぼ同じ意味です。ただ(7)の場合は、文末が過去形ですから「子供が小さい時はいつもミルクを余分に買っておきました」のようにある過去の時点を基点にして、それ以前に準備をしたような文脈でも使うことができます。これに対して非過去形のテアル／テアリマスが表す結果が残っているのはいつも現在です。

(9)の文脈ではテオイタ形もテアル形も過去の行為が現在の結果として残っ

ていることを示しており、実質的な意味は同じと言えます。

(9) A：パーティーには人が大勢来るようだけど準備は大丈夫？
　　B：ええ、アルバイトをたくさんやとってありますから。
　　　　ええ、アルバイトをたくさんやとっておきましたから。

テアル／テアリマスは発見の文脈であれば、手配をしたのは話し手以外という意味になります。(9B)の「やとってあります」は話し手が今初めて発見したような状況ではなく、自分が手配をして準備したという意味しかありません。

6.5　完了を表すテシマウ

この形式は、動作や出来事の完了(perfective state)を強調した表現です。自・他動詞のどちらとも共起することができます。

(1)　年内に年賀状を全部書いてしまった。(他動詞)
(2)　あっという間に休みが終わってしまった。(自動詞)

類似の表現にシオエルがあります。テシマウとの顕著な違いの一つとして、(3)が示すように、シオエルは変化動詞とは共起することはできません。一方、(4)はテシマウが、主体変化動詞(死ぬ)と主体動作動詞(書く)のどちらとも共起できることを示しています。

(3)　彼は年内に[*死に終えた／年賀状を書き終えた]。
(4)　彼は年内に[死んでしまった／年賀状を書いてしまった]。

テシマウは、しばしば元には戻すことができない状態を示します。そのためによく後悔、くやしさ、寂しさなど話し手の感情を含意します。

(5)　彼に話してしまった。(後悔・くやしさ)
(6)　大事にしていた皿がこわれてしまった。(後悔・くやしさ)
(7)　あの人が行ってしまった。(寂しさ)

第6章 単文のテンスとアスペクト

6.6 テクルとテイク

「来る」は物理的には人や物が話し手に向かって近づく意味を、また逆に「行く」は話し手から遠ざかる意味を示します。テクルやテイクを時間軸上で考えると、テクルはある時点までの動作の継続や状態を示し、テイクはある時点以降の動作の継続・状態の変化などを表します。例えば、(1)は話し手の努力が現在まで続いてきたことを、そして(2)は警戒態勢が現在までに変化してきた様子を表しています。これとは逆に(3)(4)では発話時点以降の動作継続（= 3）や状態の変化（= 4）について述べています。

(1) 自分なりにベストを尽くしてきたつもりだ。
(2) 911事件以来、警戒が厳しくなってきた。
(3) これからも頑張っていくつもりだ。
(4) この町の人口は増え続けていくだろう。

6.7 指導上のポイント

テンスとアスペクトは、その詳細を指導する場合には切り離して考えることは困難です。特にアスペクト習得の際には学習者の混乱が多く見受けられます。まず、テ形をしっかり覚える必要があります。次にテイル形の場合には、進行中の動作、習慣、本業、そして結果の継続などを区別しなくてはなりません。

アスペクト形式ではありませんが、関連形式のテオク形をこの章ではテアル形と比較しました。テオク形は「食べておく」「寝ておく」のように、意志動詞なら他動詞にも自動詞にもつきます。しかし、テアル形は、他動詞（の意志動詞）だけに後接します。従って、自・他動詞の区別ができなくてはなりません。動詞の基本的な意味と形を習得することが、いかに大事かがわかります。

動詞の中には「閉める」（他動詞）や「閉まる」（自動詞・非意志）のように、自・他動詞のペアがある場合があります。これらは個々に覚えなくてはなりませんが、数からいうとこのようなペアは少数派と言えます。

第6章 まとめ

6.1 テンスとアスペクトの意味
- 単文のテンス：動作・出来事の発生が発話時点よりも前か後かが問題
- アスペクト：時間軸上の点と点を結んだ線上で出来事や動作が継続しているか、完了しているかなどが問題
  ：動態動詞だけがもち得る文法形式

6.2 単文のテンス
- 状態述語は非過去形が現在を表す
- 動態動詞では非過去形が未来の出来事・動作を表す
- 動詞の過去形はアスペクトも表す「A: 食べた？　B: まだ食べてない」

6.3 動作の継続と結果の継続を表すテイル
- 状態動詞にはテイルはつかない、ついても意味があまり変わらない
- 感情、感覚、思考動詞＋テイル：結果や動きの継続を表す
  - 感情動詞：テイルで結果の継続「喜んでいる」
  - 感覚動詞：テイルで動きの継続「手が震えている」「足が痺れている」
  - 思考動詞：思考結果の継続、三人称主語「ジョンは僕が行くと思っている」
- 一般的動態動詞＋テイル：動作継続や変化後の状態継続を表す
  - 動作・習慣の継続：「今ご飯を食べている」「毎日ジョギングをしている」
  - 本業の継続：「X大学で勉強している」（頻度の副詞と共起できない）
  - 変化後の結果の継続：「着ている」「知っている」「死んでいる」
  - 経験・経歴を表すテイル：「過去三年で五冊本を書いている」

6.4 人為的なテアル
- 他動詞＋テアル：過去の準備・手配、発見の文脈以外では話し手の準備を表す

- テアル＝テオイタ

6.5 完了を表すテシマウ
- 完了の強調で、取り返しのつかない事態を示す「後悔」「悲しさ」

6.6 テクルとテイク
- ある時点までの動作継続・状態変化
  「がんばってきたつもりだ／警戒が厳しくなってきた」
- ある時点以降の動作継続・状態変化
  「これからもがんばっていく／人口が増えていくだろう」

6.7 指導上のポイント
- 新しいアスペクト項目を導入する際に動詞の基本形やテ形を復習して確実にする
- テイルと英語の現在進行形が常に対応するわけではないことを実例で指導する

第7章 モダリティ表現

> **この章の要点**
> 7.1 命題とモダリティ
> 7.2 断定保留のダロウ と 可能性のカモシレナイ
> 7.3 含意の標識:ハズダ と 思い込み的な推測:ニチガイナイ
> 7.4 直接情報＋ヨウダ と 間接情報＋ラシイ
> 7.5 伝聞のソウダ と 印象のソウダ
> 7.6 主観的なノダ と 論理的なワケダ
> 7.7 指導上のポイント

7.1 命題とモダリティ

　文には客観的事柄を表す部分のほかに、聞き手や事柄に対する、話し手の態度や判断を表す部分があります。事柄を表す部分を命題(proposition)、判断・態度を表す部分をモダリティ(modality)とかモダリティ表現とよびます。例えば、下の(1)と(2)では事柄(＝命題)はどちらも同じで「来年アメリカに行く」ことですが、モダリティは違います。(1)は命令、勧誘など、聞き手に対する行為の働きかけを示し、(2)は話し手自身の意志や願望を示しています。

(1)　来年アメリカに[行きなさい/行きましょう]。(命令/勧誘)
(2)　来年アメリカに[行きます/行きたいです]。(意志/願望)

　一方(3)(4)での事柄は「ビルが来年日本に来る」ことです。ここでのモダリティは、事柄の現実化に対する、話し手の確信度を表しています。(3)では、強い確信を示す断言や断定を保留した推量を、(4)では、確信がゼロであるため、質問の形になる疑問が示されています。

(3)　ビルは、来年日本に[来ます/来るでしょう]。(断言/推量)

(4)　ビルは、来年日本に来ますか。［疑問］

　モダリティの概念や用語は研究者によって、一様ではありません。しかし、西欧の言語学研究（例えば Palmer 2001）や、日本の文法研究（例えば宮崎他 2002）との両者に、ほぼ共通する用語で言えば、(1)(2)のようなモダリティは行為実行に関するモダリティ（event modality）、(3)(4)のようなモダリティは、命題の認識・評価に関するモダリティ（propositional modality）に属すると言えます。本章では、後者のモダリティの中で、学習者の間に誤用が多く見られる表現をいくつか見ます。また、7.6節では上の二分類とは別に、説明のモダリティとよばれるノダ/ワケダを観察します。

7.2　断定保留のダロウ と 可能性のカモシレナイ

　事の真偽が不確かなため、話し手が断言を保留したい時にはダロウ/デショウが使われます（益岡・田窪 1992：127）。真偽判断に必要な情報が十分にない時に使うと、推量になります。また、十分な情報があって使う場合には、慎重な態度の表明や丁寧な言い方になります。

(1)　A：ジョンはどこに行った？
　　　B：下にいなければ、たぶん二階だろう。（推量）
(2)　A：先方に連絡するのは明日でも間に合いますか。
　　　B：ええ。でも今日、電話した方がいいでしょうね。（丁寧）

　カモシレナイは、真偽の可能性が五分五分であるような状況で使われます。この形式はダロウよりも低い確信度を表します。
　話の途中で急に思い出したことがあって確信度が高くなった時には、(3)のようにカモシレナイの後にダロウを使って確信度の増加を示すことができます。逆に、急に情報量が減って確信度が落ちるというのは不自然ですから、(4)のように逆の順序は不適格となります。

(3)　ジョンは来るかもしれません、いや多分来るでしょう。
(4)　*ジョンは多分来るでしょう、いや来るかもしれません。

また、共起する副詞を比べても、ダロウが示す確信度のほうが高いことがわかります。

(5) 　<u>多分</u>ジョンは明日来る<u>だろう</u>。
　　　(= Perhaps John will come tomorrow.)
(6) 　<u>ひょっとすると</u>ジョンは明日来る<u>かもしれない</u>。
　　　(= There is a possibility that John might come tomorrow.)

(7)(8)は、「多分」(perhaps/probably)と「ひょっとすると」(there is a possibility that 〜 might)を入れ替えると違和感があることを示しています。これもカモシレナイとダロウの確信度の違いからくるものと考えられます。

(7) 　(？多分/ひょっとすると)明日あたり友達が来る<u>かもしれない</u>。
(8) 　(多分/？ひょっとすると)ジョンは明日来る<u>だろう</u>。

(7)と(8)ような例は学習者によく見られる誤用です。(5)や(6)のように共起できる副詞と一緒に指導する必要があるでしょう。

7.3　含意の標識：ハズダ と 思い込み的な推測：ニチガイナイ

ハズダは、命題から導かれる含意を示します(7.3.2節で詳述)。これに対してニチガイナイは、思い込み的な推論を表します。英語では、(1)や(2)が近いと考えられます。

(1) 　ハズダ：含意を表す
　　　should/is supposed to /is expected to be the case that...
(2) 　ニチガイナイ：思い込み的な推論や直感的な推測を表す
　　　must be the case that...

ハズダ/ニチガイナイの主語は、対話の場合(3)(4)が示すように三人称に限られます。一/二人称の場合には、(5)のように予定を表すコトニナッテイルが使われます。また、ハズダ/ニチガイナイの疑問文は不適格です。

第7章 モダリティ表現

(3) 明日はジョンが来る[ハズデス/ニチガイアリマセン]。
(4) [私/あなた]は明日来る[*ハズデス/*ニチガイアリマセン]。
(5) 明日は[私/あなた]が行くことになっています。
(6) ジョンは明日来る[*ハズデスカ/*ニチガイアリマセンカ]。

英語の"should"は期待されている行為や事態を示す場合にはハズダとなり、義務的行為やあるべき事態を表す場合にはベキダとなります。

(7) ジョンが行くはずです。（期待）
(8) ジョンが行くべきです。（義務的行為）
(9) そうなるはずです。（期待）
(10) そうあるべきです。（あるべき事態）

7.3.1 ハズダとニチガイナイの用法

ハズダとニチガイの用法は(11)にまとめてあります。下のうち四角で囲った用法の時にだけ、ハズダとニチガイナイの交換が可能です。

(11) ハズダとニチガイナイの用法

＜ハズダ＞	＜ニチガイナイ＞
A類：論理的推論	A類：個人的経験を根拠とした推論
B類：記憶の確認	B類：直感的推論
C類：予定・確かな情報提供	
D類：現実とのギャップ	
E類：納得	

以下に、ニチガイナイの例から見ていきます。

(12) ニチガイナイ：A類だけがハズダと交換可能
　　A類：近くのスーパーでセールがあるから、母は買物に行っている
　　　　　[ハズダ/ニチガイナイ]。
　　B類：見た瞬間、やさしい人[*ノハズダ/ニチガイナイ]と思った。

7.3 含意の標識：ハズダと思い込み的な推測：ニチガイナイ

(13) ハズダ：A類1だけがニチガイナイと交換できる
A類1：今日は休みだから、ジョンは家にいる［ハズダ / ニチガイナイ］。
A類2：氷点下だから、水が凍っている［ハズダ / *ニチガイナイ］。
B類：山田さんには、たしか子供がいない［ハズダ / *ニチガイナイ］。
C類：「明日の会議には、御社の部長も見えますか？」
　　　「はい、来る［ハズデス / *ニチガイナイデス］。」
D類：変だな。今、ここに本を置いた［ハズダ / *ニチガイナイ］が・・・。
E類：日本人なのか。道理で日本語がうまい［ハズダ / *ニチガイナイ］。

(12)(13)は両形式がA類の時にだけ、交換が可能であり、またハズダのA類にはニチガイナイと交換できる場合と、そうでない場合があることを示しています。

7.3.2 ハズダとニチガイナイの使い分け

本書では、推論を四通りに分類して、ハズダとニチガイナイの使い分けを考えます。まず、「推論の根拠」が何であるかによって、推論の種類を二つに分けます。そして、ニチガイナイのA類とハズダのA類1のような推論を主観的推論、ハズダのA類2のような推論を客観的推論とします。結論から先に言えば、主観的推論であればニチガイナイとハズダの交換が可能ですが、客観的推論ではハズダのみが可能となります。

わたしたちは、ある命題（＝一般的には文）を聞けば、その命題の含意が即座にわかることがあります。例えば、「少女」という言葉は「女性である」ことを含意します。また、「アキレスがヘクターを殺した」は「ヘクターは死んだ」ことを含意します。論理学では、上のような含意関係を「pならq」（＝pが真ならqも真）という論理式にして示します。例えば、p（少女である）ならq（女性である）というように考えます。従って、p（少女である）ならq（男性である）という命題は偽になります。また、p（アキレスがヘクターを殺した）が真ならq（ヘクターは死んだ）も真と考えます。これらの場合、pはq（の真理価値）を論理的に含意すると言われます。つまり、pであれば、論理的必然（＝言葉の意味だけ）によってqであることが含意されるということです。しかし、論理的必然によらなくても、pからqが含意される命題はたくさんあります。(14) – (19)は、命題とその含意を（　　　）内に整理したものです。(14)

の含意は論理的必然によるものですが、(15)－(19)はそれ以外の必然による含意です。

(14) アキレスがヘクターを殺した。(アキレスは死んだ。)
(15) 人間である。(いつか死ぬ。)
(16) ジョンは今大阪にいる。(ジョンは東京にはいない。)
(17) 氷点下である。(水が凍る。)
(18) 日本語である。(敬語がある。)
(19) 大学である。(研究・教育をすべきところである。)

(14)の(　)内にある含意「アキレスは死んだ」は、「アキレスがヘクターを殺した」という命題にある言葉の意味だけから導くことができます。しかし、Lyons(1995)に従えば、(15)－(19)は論理的必然による含意ではありません。[1] 例えば、(15)では生物学的な必然、(16)では物理的な必然、(17)では自然界の必然、(18)では文化的・社会的必然、そして(19)では使命的・義務的必然、などから含意が導かれていることを示しています。

論理的必然であれ、論理以外の要因による必然であれ、(14)－(19)は客観的な「必然」に基いた含意を示す命題と考えることができます。このように、客観的必然性による含意をもとにした推論を本書では客観的推論とよびます。そして、客観的推論であることを明示的に表す時にはハズダを使い、ニチガイナイは使うことができないと考えます。つまり、ハズダの典型的な機能は、客観的必然性による含意を明示的に示す標識と言えます。また、客観的推論の具体的手順は、(pならq)というpとqの含意関係を知っていて、pという事実に遭遇した時に、qと結論するものと考えます。例えば、(pならq)「氷点下なら水が凍る」と(事実p)「氷点下だ」が根拠で→(帰結q)「水が凍っているハズダ」となります。これに対して、主観的推論における(pならq)の含意は、個人的な知識や経験に基づく含意であると考えます。そして、この含意と事実のpで、推論がなされることになります。例えば(20)では、(pならq)「スーパーでセールがあると母は買物に行く」と(事実p)「今日は近くのスーパーでセールがある」が推論の根拠で→(帰結q)「母は買物に行っている」〔ハズダ

---

[1] 詳細についてはLyons(1995:117-124)を参照。

7.3 含意の標識：ハズダと思い込み的な推測：ニチガイナイ

/ ニチガイナイ］」のようになります。

(20) 今日は近くのスーパーでセールがあるから、母は買い物に行っている（ハズダ / ニチガイナイ）。

このような、個人的経験を根拠とした主観的推論では、主観や個人差があるため、そうした不確定要因が帰結にも反映されることが予測できます。従って、ハズダとニチガイナイの使用は話し手の主観によって選択されることになります。

これで、客観的推論と主観的推論の区別ができました。続いて演繹的推論と仮説的推論を下のように区別します。これは推論の方向（ p → q か q → p ）の違いによる分類です。[2]

(21) 演繹的推論： q が帰結（deductive inference）
・（ p なら q ）と事実 p を根拠に q と帰結する推論
（ p なら q ）　　氷点下なら水が凍る
（事実 p ）　　　氷点下だ
⇒（帰結 q ）　　水が凍っているハズダ

(22) 仮説的推論： p が帰結（abductive inference）
・（ p なら q ）と事実 q を根拠に p と帰結する推論
（ p なら q ）　　やさしい人には x という雰囲気がある。
（事実 q ）　　　x という雰囲気がある（人だ）
⇒（帰結 p ）　　やさしい人ニチガイナイ

以上で、推論が四種類に分類できましたが、これらの推論の組み合わせでハズダとニチガイナイの使われ方が決まります。それを二つの形式の使い分けとして示すと、表1のようになります。表の下には各スロットに対応した例をあげておきます。

---

[2] Takubo(2006) の abduction を参考にしました。

第7章 モダリティ表現

表1 ハズダとニチガイナイの使い分け

	a. 演繹的推論（qが帰結）	b. 仮説的推論（pが帰結）
A．客観的推論	ハズダのみ	────
B．主観的推論	ハズダ（個人経験）	ハズダ（条件付で可）
	ニチガイナイ（個人経験）	ニチガイナイ（個人経験） ニチガイナイ（直感）

(23) （pならq）　（大阪に出張中なら東京にいない）
　　　（事実p）　　大阪に出張中だ
　　⇒（帰結q）　東京にいない［ハズダ／*ニチガイナイ］（A-aの例）

(24) （pならq）　（セールがあると母は買物に行く）
　　　（事実p）　　近くのスーパーでセールがある
　　⇒（帰結q）　母は買物に行く［ハズダ／ニチガイナイ］（B-aの例）

(25) （pならq）　（お金持ちは、いい車に乗って大きい家に住んでいる）
　　　（事実q）　　あの人は、いい車に乗って大きい家に住んでいる
　　⇒（帰結p）　あの人はお金持ちの［ハズダ／ニチガイナイ］
　　　　　　　　（B-b 条件付ハズダ、個人経験のニチガイナイの例）

(26) （p→q）　　（風邪をひくと熱が出る）
　　　（事実q）　　熱がある
　　⇒（帰結p）　風邪をひいた［*ハズダ／ニチガイナイ］
　　　　　　　　（B-bの個人経験のニチガイナイ、ハズダは不可）

(27) （p→q）　　（やさしい人にはxという雰囲気がある）
　　　（事実q）　　xという雰囲気がある
　　⇒（帰結p）　（一目見て）やさしい人［*ノハズダ／ニチガイナイ］
　　　　　　　　（と思った）（B-b 直感の例）

　全体を概観しますと、ニチガイナイは主観的推論に使うものであり、推論の方向は問いません。つまり、演繹的推論も仮説的推論も可能です。しかし、客観的推論には使うことができません。一方、ハズダは客観的推論にも主観的推論にも使うことができます。推論の方向に関しては(B-bを除いて）、演繹的推

論だけが可能です。また、ハズダもニチガイナイも不可能なのは、(A-b)だけです。ここでは、仮説的推論になじみにくいハズダが使えず、また客観的推論になじまないニチガイナイも使うことができません。

(25)は間違った主観的推論ですが、ある程度現実を反映しているものと考えられます。従って「いい車に乗って、大きい家に住んでいるから、あの人はお金持ちのハズダ」という文の許容度には、個人差のあることが予測されます。すなわち、仮説的推論におけるハズダの使用は不可であるか、あるいは許容された場合には、主観的な思い込みや独りよがりの押し付けに聞こえがちであることが予測できます。(B-b)は、条件付でハズダが可としてありますが、これは「推論がある程度の客観性をもっていれば許容される」という条件を意味するものです。しかし、どの程度の客観性が必要なのかについては明らかになっていません。ハズダとニチガイナイの互換性については、主に主観的な経験に基いた(＝主観的推論)演繹推論の場合に、交換が可能であり、それ以外の場合には不可、または条件付で可(B-bの例)と言うことができます。

7.3.3 ハズダの否定

ハズダには下のように二通りの否定文があります。

(28) 彼は今日の会議のことを知らないはずだ。
(＝ It should be the case that he does not know about today's meeting.)
(29) 彼は今日の会議のことを知っているはずがない。
(＝ There is no possibility that he knows about today's meeting.)

(28)は含意、または常識から考えて「今日の会議のことを彼は知らない」という帰結に達したことを示しています。これに対して(29)では「今日の会議のことを彼は知っている」という帰結に導く前提がどこにも見当たらないという意味で(28)よりも強い否定を表します。

また過去形のハズダッタは(30)のように反事実を示しますので結果としては「来ませんでした」という否定になります。

(30) 本当は彼も会議に来るはずでした。(実際には来ませんでした。)

7.4 直接情報＋ヨウダ と 間接情報＋ラシイ

この二つはどちらも英語では "It seems…" "It looks like…" のような訳が可能なために、学習者にとって使い分けが難しいものです。この二つはどちらも推定を表しますが、その大きな違いはラシイが主に間接情報を根拠とした推定、そしてヨウダは主に直接情報を根拠とした推定ということが言えます。

(1) 直接情報(内部情報) − 五感を通して入ってきた頭の中にある情報
(2) 間接情報(外部情報) − ①他者からの情報、②観察・分析に基づく情報

(3)(4)は聴覚・視覚を通して入ってきた直接情報の例を示しています。ここではヨウダだけが可能です。

(3) （となりの部屋から話し声が聞こえて）隣の部屋に客が来ている[ようだ/*らしい]ぞ。
(4) （デパートでキョロキョロしている人を見て）何か探してらっしゃる[ようです/*らしいです]ね。

しかし、他者からの間接情報を根拠とした推定にはラシイを使います。これらは伝聞のソウダで言い換えることができます。

(5) 天気予報によると、午後は雨が降る[？ようだ/らしい]。
(6) なんでも、山田は来月からアメリカに出張する[？ようだ/らしい]。
(7) 誰かが言ってたけど、駅前に銀行ができる[？ようだ/らしい]ね。

間接情報でも観察・分析をもとにした推定では、ラシイとヨウダの違いはほとんどなくなります。

(8) （電話で）助けてくれないか。どうも車がこわれた[ようだ/らしい]。
(9) 夕べは酔ったあと、そのまま寝てしまった[ようだ/らしい]。

学習者の間で混乱を避けるためには、直接情報によるヨウダの文と情報ソー

スを標示したラシイの文から導入していくことが肝要です。

ヨウダは比況または比喩表現(metaphor)でもよく使われます。比喩の場合は、「あの人は首が長くてキリンのようだ」のように名詞のところに具体的なイメージが入るところが違います。

ヨウダの口語的表現にミタイダがあります。基本的機能は二つとも同じです。

(10)　今日はだいぶ酔った[ようだ/みたいだ]。

「N+ラシイ」には二つの意味があります。(11)は上で見た推定のラシイです。

(11) A：さっきの人は誰ですか。
　　 B：アルバイトの学生らしいです。
　　　　 (He seems to be a student who works part-time.)

下の「N+ラシイ」はモダリティ表現ではなく「Nの典型的な属性を持っている」という意味を持つ形容詞相当句です。(12)は修飾語として、(13)は形容詞述語として使われた例です。

(12)　山田さんは男らしい人です。(Mr. Yamada is a manly person.)
(13)　山田さんは男らしいです。(Mr. Yamada is manly.)

上のラシイは比況表現と言われます。モダリティ表現のラシイには否定形がありませんが比況では可能です。(14)はモダリティ、(15)(16)は比況表現です。

(14)*アルバイトの学生らしくありません。
(15)　山田さんは男らしくない人です。
(16)　山田さんは男らしくないです。

7.5　伝聞のソウダ と 印象のソウダ

これらは形式によって下のように見分けることができます。伝聞のソウダは助動詞ですが、印象のソウダは動詞や形容詞につく接辞です。

(1) 伝聞：hear-say（I hear that …, I understand that…）
　　　［動詞、形容詞の非過去・普通体／名詞だ］＋そうだ
　　　（[V, Adj-non-past plain /N-da] + soda）
　　　［行く／安い／学生だ］そうだ
　　　（＝［行く／安い／学生］らしい）

(2) 印象に基いた判断：judgment based on impressions
　　　（It/He/She looks like …）
　　　［動詞の連用形／形容詞語幹］＋そうだ
　　　（[V-pre マス形 / Adj-Root] + soda）
　　　［落ち／安］そうだ

上の(1)(2)は英語にすると、推論のラシイ／ヨウダと同じになってしまいよく混同されます。他者からの間接情報を基にしたラシイと伝聞のソウダとは言い換えができます。

(3) 天気予報によると午後は雨が降る［らしい／そうだ］。
(4) なんでも、山田は来月からアメリカに出張する［らしい／そうだ］。
(5) 誰かが言ってたけど駅前に銀行ができる［らしい／そうだ］。

ラシイ／ヨウダは根拠のある判断・推定であるのに対して印象のソウダには根拠がありません。もっぱら五感（見る、聞く、味わう、触る、嗅ぐ）から伝わってくる情報による印象を基にした判断です。

(6) （テーブルの上のケーキを見て）　わあ、おいしそう。
(7) （電話の声を思い出して）　山本さんはとてもうれしそうだった。
(8) A：その授業では日本の歌やアニメを言語学的に観察します。
　　B：それはおもしろそうですね。

(6) – (8)の推定は印象をもとに対象の属性判断を示したもので、根拠はありません。このような場合にはヨウダ／ミタイダ／ラシイを使う事はできません。(6)(7)のソウダは "It looks… / Mr. Yamamoto sounded… / That sounds…" の

意味になります。動態動詞＋印象のソウダは出来事の兆候を示します。

(9) 雨が降りそうだ。(It looks like it's going to rain.)
(10) 彼は負けそうだ。(It looks like he is going to lose [the match].)
(11) 鉛筆が机から落ちそうだ。
(It looks like the pencil is going to fall from the desk.)

この場合もヨウダ/ミタイダ/ラシイを使うことはできません。なお印象のソウダはモダリティ表現の中では珍しく過去形があり、また否定文や疑問文も作ることができます。否定文の場合、形容詞と動詞では「安くなさそう」、「落ちそうにない」というように否定形の作り方がやや違いますので注意が必要です。

7.6 主観的なノダ と 論理的なワケダ

前節までは、認識のモダリティ（日本語記述文法研究会 2003）といわれる表現を見てきましたが、ノダとワケダは説明のモダリティと言われます。どちらも「どうして」という質問に答えるか、あるいは自分で「どうしてかというと」という気持ちで説明をする文に頻繁に使われます。ノダは口語ではしばしばンダやノとなり、丁寧体ではノデスやンデスとなります

(1) A：「昨日暇だったから友達と映画を見に行った<u>ノ</u>。」
B：「うん。」
A：「そしたら日曜日で休みだからすごく混んでた<u>ノ</u>。」
B：「うん。」
A：「それでぼくだけ先に降りて二人分のチケットを買うことにした<u>ノ</u>。」

上のように次々と話を続けていく時には、ワケダとノダを入れ替えてもほとんど意味は同じです。しかしワケダとノダは、いつも言い換えができるわけではありません。基本的な意味は以下のようになります。

(2) ワケダ：Namely,…論理的な帰結、客観的
(3) ノダ：It's the case that…前文脈の解説、主観的

第7章 モダリティ表現

ワケダはある根拠から導き出される当然の帰結を表す時に使います。「すると」「つまり」などの副詞がよく共起します。

(4) 十人のうち七人は合格します。つまり、落ちる方が難しい[ワケデス/ンデス]。
(5) A：その日、男はひどい病気で一日家にいました。
    B：するとその日は出かけなかった[ワケダ/ンダ]。

上のような文では、ノダの方がワケダよりもやや主観的に聞こえますが、それでも入れ替えは可能です。しかし、ワケダとノダの言い換えができるのはここまでです。

ノダを使って事態の事情を主観的に推定することがあります。この場合には、下のように「きっと」「多分」などが共起します。そして、ワケダでは言い換えができません。

(6) (急いで出て行った人を見て)
    きっとおなかがすいている[ンダ/*ワケダ]。
(7) (遅れている人を待ちながら)
    多分忙しい[ンダロウ/*ワケダロウ]。

また、ノダ/ンデスは先行する言語的・非言語的な文脈の理由を説明することができますが、ワケダにはできません。下の例では(8)が遅れてきたことに対する謝罪を示しています。ここでは「遅れた事実」が文脈です。(9)ではンデスが笑顔の説明をしています。

(8) (遅れて来て)すみません、寝坊した[ンデス/?ワケデス]。
(9) A：(ニコニコしている相手を見て)うれしそうですね。
    B：ええ、明日、三ヶ月ぶりに家に帰る[ンデス/?ワケデス]。

上の例では、「寝坊しました」や「帰ります」というふうにンデスを省いたのでは理由の説明になりません。学習者にはよく見られる誤用です。また(10)のようにカラを使うと理由が前面に出る感じがします。

(10) A：(ニコニコしている相手を見て)うれしそうですね。
　　 B：ええ、明日、三ヶ月ぶりに家に帰りますカラ。

ノダは「事柄の理由や事情の説明を今から話しますよ」という標識にも使われます。こうした状況で「あります」を使うと、(11)が示すように挑戦的に聞こえるため、あまり適していません。

(11) あの、ちょっとお話が[あるんですけど / ?ありますけど]。

以上、ワケダとノダの言い換えができるのは、この節の冒頭の会話にあるように次々と会話を続けていく時と、論理的帰結を述べる時の二つの場合だけであることがわかりました。

最後にワケダの否定についてまとめておきます。[3] これにはワケハナイ、ワケデハナイ、ワケニハイカナイの三通りがあります。ワケハナイはハズハナイと同じで、ワケダと解釈できるような根拠がどこにもないということで強い否定になります。ワケデハナイはある事態から常識的に期待されることを否定するのに使われます。

(12) アメリカを旅行する場合はたいてい車か飛行機を使います。と言っても電車がないワケデハアリマセン。

三つ目のワケニハイカナイは、ある行動や態度を勧めるようなアドバイスをもらった時などにそれは選択肢にはならないことを表現したい時に使います。

(13) A：会社がいやならやめればいいじゃないか。
　　 B：そんなに簡単にやめるワケニハイカナイよ。
　　　 (＝そういうワケニハイカナイよ。)

3　寺村(1984：285-290)を参考にしました。

7.7 指導上のポイント

　意思伝達の手段として言語を理解するにはモダリティは大変重要です。また、多くの言語現象を説明してくれる概念ですので、学習者にわかりやすい形にして取り入れていくのが望ましいと考えられます。モダリティ表現を適切に使えるかどうかによって、学習者の言語能力がだいぶ違って見えるものです。また、初級の後半は、一般に学習者も微妙なニュアンスの違いを意欲的に学習したがる時期ですが、類似表現が多いので、混乱を避けるためには導入項目の順序や方法を十分に検討してから指導することが大切です。

　練習の方法については、すでに何度も書いたことですが、違いが明確にわかる文脈を作って説明・練習することが大事です。練習には日常生活と関連した状況や絵カードを理解の助けに活用することが望まれます。

第7章 まとめ

7.1 命題とモダリティ
- 文は命題とモダリティからなる
- 命題は事柄、モダリティは事柄や聞き手に対する話し手の判断・態度

7.2 断定保留のダロウ と 可能性のカモシレナイ
- ダロウ：真偽判断に十分な情報がない時の一般的推量を表す
- カモシレナイ：可能性を表す，確信度はダロウよりも低い

7.3 含意の標識：ハズダ と 思い込み的な推測：ニチガイナイ
- ハズダ：論理的推論はハズダのみ
  「氷点下なら水が凍っている ［ハズダ／*ニチガイナイ］」
- ニチガイナイ：直感的推論はニチガイナイのみ
  「見た瞬間、いい人 ［*ノハズダ／ニチガイナイ］ と思った」

7.4 直接情報＋ヨウダ と 間接情報＋ラシイ
- 直接情報（内部情報）―五感を通して入ってきた頭の中にある情報
- 間接情報（外部情報）①他者からの情報、
  　　　　　　　　　　②観察・分析に基づく情報
- 観察・分析が入ると使い分けが難しい
- Nらしい：典型を示す「男らしい」

7.5 伝聞のソウダ と 印象のソウダ
- 伝聞(hear-say) ［行く／大きい／元気だ／学生だ］そうだ
- 印象(impression) ［行き／大き／元気／*学生］そうだ
  　名詞接続はない　代用は「学生っぽい」

7.6 主観的なノダ と 論理的なワケダ
- ワケダで言い換えができないのは主観的な理由・推測のとき
- （遅れてきて）寝坊した［ン／*ワケ］です。
- （急いで出て行った人を見て）きっと忙しい［ンダ／*ワケダ］

7.7 指導上のポイント
- モダリティの概念を使うと言語現象を合理的に説明できることが多い，学習者には、わかりやすい形で積極的に導入することが望ましい，類似表現が多いので、混乱を避けるために導入には十分気をつける

第8章 存在の表現と比較表現

この章の要点

8.1 存在の表現
8.2 比較表現
8.3 指導上のポイント

8.1 存在の表現

8.1.1 文型と意味

存在の表現とはいわゆる場所表現のことです。(1)と(2)のように典型的な文型が二つあります。対応する例文はそれぞれ(3)と(4)です。

(1) 場所に Xが あります。
(2) Xは 場所に あります。
(3) 机の上に 本が あります。
 (= There is a book on the desk.)
(4) 本は 机の上に あります。
 (= The book is on the desk.)

(4)は(3)の「本が」が主題化されて文頭に移動した結果「本は」になったものと考えられています。(5)はそのことを示しています。

(5) 本は 机の上に [本が] あります。

　　主題化(topicalization)

このように名詞が主題化されて(topicalized)文頭にある存在文は、その名詞がどこにあるかを問題にしていますので、場所探し(place search)のパターン

とよぶことにします。また主題化前の(3)のような文は物の存在と場所を同時に提示する存在文ですので、提示(presentation)のパターンとよぶことにします。

(6) 存在文(there-sentneces)の二つのパターン

```
(a)  presentation: PLACE に  X が  あります。
(b)  place search: X は  どこに  ありますか。
             (X は)  PLACE に  あります。
```

上のPLACEには内部構造がありますが、それを見る前に上の(a)と(b)が使われる文脈を観察しましょう。(6a)は、例えば不動産屋さんが部屋の間取りを案内・説明する時に使うような表現です(例えば「ここに風呂場があります。ここにはキッチンがあります」など)。この場合は通常「場所にXがあります」というように文頭に場所がきて、存在する物(X)が後にきます。ある物の存在を話題の中に初めて導入する時には助詞のガが用いられますのでここでもXにはガが付いています。つまり物(X)が焦点化されます。

これに対して(6b)は、場所を尋ねたり教えたりするのに使われる典型的な表現です。(6b)の答えの「(Xは)PLACEにあります」という文は、例が示すような疑問文とか「Xがなくて困ったなあ」などという誰かの発話が先行している場合に使われる表現と考えられます。

文法的には物(X)が文頭にきますが、焦点ではないのでしばしば省略されます。Xが焦点ではないことを示すように、その後の助詞を見るとガではなくハになっています。このようにXが省略された後に、焦点としてズームアップされる「場所」がきます。

PLACEが場所を表す一語名詞(「ここ」「東京」など)でない場合には、内部構造があります。これは(7)のように記述することができます。このようにPLACEとして語句をひとまとめにするのは、学習者の混乱を避けるためです。例えば「机の上に」という場合、語順が英語では逆(on the desk)でわかりにくいところに、さらに「上」のあとにニという助詞がくるために、混乱する学習者が多いのです。ですから、まず「PLACEに」と導入しておいて、その後にPLACEの内部を提示するという意図があります。

8.1 存在の表現

(7) PLACE の内部構造

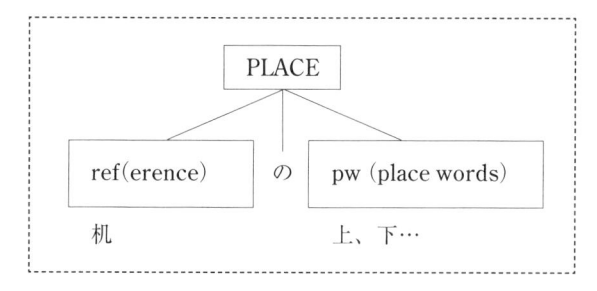

```
            PLACE
           /  |  \
     ref(erence) の  pw (place words)
         机           上、下…
```

上の PLACE 構造では、位置関係を示す際の「参照」(ref(erence)) が最初にきます。pw は場所を表す言葉で「参照」(ref) と「場所表現」(pw) の間には必ず「の」が入ります。また、「A と B のあいだ」という時だけ ref の下に「A と B」があって、その場合の pw は「あいだ」をとることになります。

(8) pw が「あいだ」の時の PLACE 構造

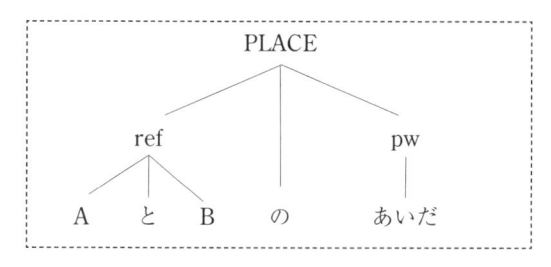

```
          PLACE
         /   |   \
       ref   の   pw
      /|\         |
     A と B      あいだ
```

導入の際には、PLACE 構造を参考に学習者に下の英文を考えてもらいます。

(9) There is a book on the desk.
(10) The book is on the desk.
(11) Where is the book ?

(9)は提示パターンと対応させて「PLACE に X があります」を使います。ref は「机」、pw は「上」、X は「本」ですから全体は「机の上に本があります」となります。また、(10)は場所探しのパターン「X は PLACE にあります」と対応させて「本は机の上にあります」と指導します。(11)の元の語順は "The book is where ?" と考えられますので、これも場所探しパターンとな

ります。この場合、「X は PLACE にありますか」の「PLACE」が未知ですから「本はどこにありますか」となります。

これだけでなく、「X は PLACE にあります」の省略形として「X は PLACE です」などの説明をする場合も、PLACE 構造を使うと一目で違いがわかるように示すことができます。さらに PLACE が修飾語としても使えることを教える場合も、[PLACE の本]とすれば[私の本]と同じ構造で理屈がよく理解できます。PLACE の一番単純なものはココ、ソコ、アソコなどの場所を表す指示詞です。従って、PLACE がココであれば "Here is a bank." は「ここに銀行があります」となるでしょう。

存在文の提示パターンは、ガを使わなくてはならない文脈の一つです。一般に存在や事実関係の否定は「否定の判断文」と考えられます。そして判断文にはガではなくハが使われます。(13)や(14)はその例です。

(12) 机の上に本がありますか。
(13) いいえ、本はありません。
(14) いいえ、机の上にはありません。

8.1.2 所有の表現との比較

提示パターンの PLACE の部分に人が入ると所有表現になります。この場合、場所を表すニ格は、他者との対比を意図する時以外は使いません。従って、基本文型は(17)のようになります。

(15) ジョン(に)は車がある。
(16) ジョン(に)は幼い妹が[いる / ある]。
(17) 人(に)は X が[いる / ある]。

上のような例では、X が物(または非情[−animate])の時には述語は「ある」が使われます。(15)がその例です。また、この場合は「人は X を持っている」という表現に書き換えることができます。

X が人(または有情[+animate])の時には、動詞は「いる」「ある」のどちらでも使うことができますが、「ある」の使用は少なくなっています。

8.2 比較表現

属性、数量、頻度などは比較することができます。比較の述語には一般に形容詞が使われますが、頻度の比較では「ジョンはりんごよりバナナのほうをよく食べます」など、動詞と共に副詞も使われます。まずは、形容詞の比較を先に見てから副詞の比較を見ます。

8.2.1 形容詞述語の二項比較

二項比較には(1)の形式を使って質問をします。事物の比較では[　]の中のデハとノホウは省略が可能です。しかし、質問に答える文中におけるノホウの省略については、母語話者の間でゆれがあるようです。ノホウがある方がはっきりするので、本書では答えの文中では省略しない形を提示してあります。疑問を示すドチラは、口語的な(colloquial)言い方ではドッチが使われます。

(1)　XとYと[では]どちら[のほう]が　adj？
(2)　X[またはY]のほうが　adj.

質問に対する答えは、同等な二項の場合にはドチラモを使って(4)のようにします。ドチラモのかわりに(5)のように「XモYモ」とすることも可能です。

(3) Q：東京と大阪と[では]どちら[のほう]が大きいですか。
(4) A：どちらも同じぐらい大きいです。
(5) A：東京も大阪も同じぐらい大きいです。

同等でない二項には、(7)(8)のように答えをノホウの前に置くのが普通です。

(6) Q：日本と米国と[では]どちら[のほう]が大きいですか。
(7) A1: 米国のほうが日本より大きいです。
(8) A2: 米国のほうが大きいです。
(9) A3: *日本より大きいです。
(10) A4: 米国です。

(7)については「米国のほうが」と「日本より」は、それぞれ一つの句として前後の入れ替えをすることも可能です。入れ替えた場合でも答えの要点がノホウの前にあることを学習者に認識させることがポイントです。実際には(8)のようにヨリはしばしば省略されます。しかし(9)が示すようにノホウガを省略して、ヨリだけを残すということはできません。(10)は最も省略した形です。述語の前にオプショナルに「ずっと」「はるかに」など、程度の副詞を置くことができます。

　二項の同等を否定する文は「XハYホド〜デナイ」を使います。これはXもYも同じ属性(例：大きい)をもっているけれども、明らかに一方の方がまさっている時に使われます。ノホウ、ヨリなどを使って二項の同等を否定するのは、(12)(13)が示すように不自然です。

　(11)　仙台は東京ほど大きくないです。
　(12)？仙台は東京より大きくないです。
　(13)？仙台のほうが大きくないです。

8.2.2　形容詞述語の多項比較

　多項比較とは、従来、最上級比較(superatives)と言われてきた比較表現です。三項以上の比較で質問をする時には、(14)のような全体指名と(15)のような個別指名の形式があります。全体指名の場合のXはカテゴリーの名前や「三人」など「数量＋単位」の形で全体を指す言葉がきます。

　(14)　全体指名 (X=categorized referent)
　　　　　Xの［中で／うちで］［どれ／どのX／なに／だれ／どこ］が一番？
　(15)　個別指名 (A, B, C=individual referents)
　　　　　AとBとCの［中で／うちで］…(以下同じ)

「一番」のかわりに「もっとも」とするとやや硬い感じがします。また、ドレ、ドノ(X)は指示詞ですから、一般に目の前にある具体物に使います。

　＜目の前のバッグを見ながら＞
　(16)　この中でどれが一番いいですか。
　(17)　この中でどのバッグが一番いいですか。

目の前にない事物を指す場合は、実像の具体性がなくなるので、ドレを使うとすわりが悪くなります。

(18) 日本車の中で [? どれが / 何が] 一番好きですか。
(19) 果物の中で [? どれが / 何が] 一番おいしいですか。

(20)(21)は個別指名の例です。人物の比較には「どれ」を使わず「誰」を使います。

(20) ここにある赤と青と白のバッグの中でどれが一番いいですか。
(21) ジョンとビルとクリスのうちで誰が一番背が高いですか。

多項比較の答えは(22)や(23)のような形式になります。

(22) X が一番　adj
(23) X です。
(24) 赤いバッグが一番いいです。
(25) 赤いバッグです。

「赤いバッグのほうが一番いいです」など、ノホウを入れてしまう誤用がよく見られますので注意が必要です。

8.2.3 副詞の比較

　動詞と共起する程度や頻度の副詞でも比較をすることがあります。この場合も二項比較・多項比較の両方があります。形式的には、形容詞述語の比較とほぼ同じです。しかし、大きな違いが一つあります。それは、形容詞の比較の場合は属性をもつ「主語の比較」ですから、述語の直前の助詞がいつも「(ノホウ)ガ」となります。しかし、副詞の比較の場合は、主語以外(目的語や行為の向かう場所)を問題にすることがあります。従って、必要に応じて助詞を適切に変えなくてはなりません。次の(26)は主体の比較ですから助詞はガでかまいませんが、(27)(28)では適切に変える必要があります。

(26) A：ジョンとビルとではどちら[のほう]がよく練習しますか。
　　 B：ジョンです。／ジョンのほうがよく練習します。
(27) A：コーヒーと紅茶とではどちら[のほう]をよく飲みますか。
　　 B：紅茶です。／紅茶のほうをよく飲みます。
(28) A：仙台と北海道とではどちら[のほう]によく行きますか
　　 B：北海道です。／北海道のほうによく行きます。

上は二項比較の例ですが、三項比較でも助詞の使い方は全く同じです。

(29)　ジョンとビルとクリスのうちで誰が一番よく勉強しますか。
(30)　ドラマとコメディーとホラーのうちでどれを一番よく見ますか。

比較と言えば形容詞を使って主語比較の練習をするのが一般的です。そのために、上のような主語以外の比較になった場合にも、ノホウガを使ってしまう誤用が頻繁に見られますので注意が必要です。

8.3　指導上のポイント

　日本語の存在文は、主格に立つ語が有情の時にはイル、非情の時はアルと述語を使い分けますので、両方の場合を混ぜ合わせた練習が必要でしょう。しかし、学習者にとってもっと混乱しやすいのはやはり、二つのパターン、「PLACE に X があります」と「X は PLACE にあります」（☛8.1節を参照）の使い分けです。X の後につく助詞「ハ／ガ」もパターンによって使い分けができないと正しい文を作ることができません。PLACE の構造（☛8.1節を参照）の中にある助詞も含めると助詞がたくさん出てきますので、丁寧な指導が必要なところです。
　比較の表現では「X と Y とどちらのほうが？」という質問に対して「X が一番～」と答えたり、また逆に「どれが一番？」という質問に対して「X のほうが」という答えが出ることがよくあります。ですから、二項比較と多項比較の違いをよく理解させる必要があります。比較の学習は、焦点のガを指導するにはいいチャンスですから、「こちらのほうが」「これが一番」などという文脈でガの使い方を確認すると、いい練習になると思います。

第8章 まとめ

8.1 存在文の表現
- 提示型：「PLACE ニ X ガアリマス」
- 場所探し型：「X ハ PLACE ニアリマス」
- PLACE の構造：「ref-ノ-place words」

8.2 比較表現
- 二項比較：「X ト Y トデハ　ドチラノホウガ？」
  「X ノホウガ」
- 多項比較：「X ト Y ト Z ノ［中／ウチ］デ　ドレガイチバン？」
  「X ガイチバン」
- 形容詞比較と副詞比較（助詞に注意）
  形容詞比較：「X と Y とではどちら<u>が</u>大きいですか」
  副詞比較：「X と Y とではどちら<u>に</u>よく行きますか」
  副詞比較：「X と Y とではどちらのほう<u>を</u>よく飲みますか」

8.3 指導上のポイント
- 存在文、比較構文では助詞がたくさん出てくるので、しっかり把握させる
- 比較構文では「ノホウガ」（二項比較）と「ガイチバン」（多項比較）を区別させる
- 副詞の比較では、助詞の使い方に注意する（X のほう<u>に</u>よく行く）

第9章 受動表現

この章の要点

9.1 種類と形
9.2 直接受動文
9.3 間接受動文
9.4 受動文の格表示
9.5 どんな時に受動文を使うか
9.6 受動文ができない動詞
9.7 指導上のポイント

9.1 種類と形

　日本語の受動文は下に示してあるように、大きく直接受動文(direct passive)と間接受動文(indirect passive)の二つに分けられます。研究者によっては前者を「まともの受身」、そして後者をさらに「持ち主受身」と「第三者の受身」に二つに分ける場合があります。

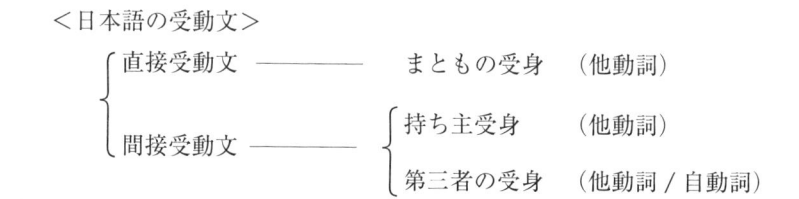

　＜日本語の受動文＞

$$\begin{cases} 直接受動文 \longrightarrow まともの受身 \quad (他動詞) \\ 間接受動文 \longrightarrow \begin{cases} 持ち主受身 \quad (他動詞) \\ 第三者の受身 \quad (他動詞/自動詞) \end{cases} \end{cases}$$

9.2 直接受動文

　最も典型的な直接受動文とは、(1)のような他動詞能動文の主語(＝ジョン)と目的語(＝花子)を、(2)のように書き換えた文です。

第9章 受動表現

(1) ジョンが 花子を ぶった。（能動文）

(2) 花子が ジョンに ぶたれた。（受動文）

　(2)のような受動文では、その主語が、もとの動作主(＝ジョン)による行為の直接影響を受ける対象になっています。例えば、(2)の主語である「花子」がジョンにぶたれれば「花子」の身体に変化が生じることが想像できます。これが直接影響の基本的な意味です。このような文を直接受動文とよびます。ですから、動作や感情を向ける対象の名詞になんらかの変化を引き起こすことがはっきりとイメージできるような動詞をもつ能動文は、最も直接受動文になりやすいと言えます。例えば「切る」「こわす」「たおす」「押す」など、固体の物理的・場所的変化が予想できるものがあげられます。上の例は変化を受ける対象がヲ格で表されますが、「かみつく」「さわる」「ぶつかる」など、ニ格で表される対象もあります。(3)では「かみつく」対象が「ジョン」であることがニ格で表されています。(4)はそれを主語にした直接受動文です。

(3) 犬が ジョンに かみついた。（能動文）

(4) ジョンが 犬に かみつかれた。（受動文）

　また、対象の心理に変化や影響を及ぼすものとしては、その対象をヲ格で表す「しかる」「おどす」やニ格で表す「賛成／反対する」「同情する」などがあげられます。以下の例では「しかる」が他動詞、「反対する」は他動性自動詞の例です。[1]

(5) メアリーがジョンをしかった。
　　→ ジョンがメアリーにしかられた。
(6) 住民がジョンの意見に反対した。
　　→ ジョンの意見が住民に反対された。

---

[1] (6)の「ジョンの意見」は動詞「反対する」の目的語に相当すると考えられますので、この動詞は他動詞的と言えます。しかし、国語辞典では一般に、このようなニ格の目的相当語をもつ動詞を自動詞と認定しています。こうした矛盾と混乱を避けるために(6)のような動詞を本書では他動性の自動詞とよびます。他動性の自動詞文は(3)や(6)のようにニ格の名詞を主語にして直接受動文にすることができます。

9.3　間接受動文

　形式を先に考えると、間接受動文とは、元になる能動文が存在しない受動文のことです。例えば、(1)の場合、機械的に能動文を考えると(2)のような不適格文ができてしまいます。

(1)　　ジョンは(だれかに)CDを盗まれた。

(2)　*だれかが　ジョンを　CDを盗んだ。

(3)　　だれかが　ジョンのCDを盗んだ。

(1)の元になる能動文は(3)に近いと考えることができます。一般に受動文の主語は、元の能動文にあるヲ格の名詞を主語にしますから、それに従えば(3)のCDを主語にするところです。しかし、ここでは(3)の「CD」ではなく、その持ち主「ジョン」を取り出して(1)の受動文の主語にしたと考えることができます。それで持ち主受身と言われます。また、「CDを盗む」という行為が間接的に「ジョン」に影響を与えると考えるため、間接受動文とよばれます。間接受動文は、よく迷惑を表すことが多いので、迷惑受身(adversative passive)と言われることもあります。

　(4)は典型的な間接受動文です。やはり、元になる能動文を作ろうとすると(5)のように不適格文になります。

(4)　　ジョンが　雨に　降られた。(受動文)

(5)　*雨が　　ジョンを　降った。

(6)　　　　　雨が降った。

　(4)のような文は、他から「ジョン」を持ち込んで主語にしたものと考えざるを得ません。元の文にはない第三者が間接的に影響を受けることから、第三者の受身という名がついたものと考えられます。持ち主受身と第三者の受身はどちらも間接受動文で、有情の主語の迷惑を表すのがその典型的な機能です。

第9章 受動表現

　直接受動文と持ち主受身の動詞は、他動詞または他動性の自動詞（＝ニ格で対象を表す自動詞）に限られます。しかし、第三者の受身は自動詞でも他動詞でも可能です。間接受動文は、たいていの場合迷惑の意味を表しますが、直接受動文が迷惑になるかどうかは、(7)(8)が示すように文脈によります。

(7)　ジョンはメアリーにうるさがられた。（迷惑受身）
(8)　ジョンはメリーになぐさめられた。（それで安心した）

　以上が受動態の基本事項です。(9)には Irregular verb（不規則動詞）、U-verb（五段動詞）、Ru-verb（一段動詞）の受身形をまとめておきます。

(9)　受動態の動詞活用

> Root + (r)areru
>
> Irregular verb : kuru → korareru　　（来る－来られる）
> 　　　　　　　　suru → sareru　　　（する－される）
> U-verb　: yom-u → yom-areru　　　　（読む－読まれる）
> Ru-verb : mi-ru → mi-rareru　　　　 （見る－見られる）

9.4　受動文の格表示

　受動文の「X ガ Y ニ ～ V-(a)reru」にある「Y」の格表示は、間接受動文ではニ格だけですが、直接受動文では三通りあります。それは、Y ニのほかに Y カラと Y ニヨッテです。(1)の(A)–(C)にその使い分けを整理して、その後に例をあげておきます。

(1)　受動文の格表示
　　　＜能動文＞　　　　　　＜直接受動文＞
　　(A) X ガ　Y ヲ　　　→　Y ガ　X ニ / ニヨッテ
　　(B) X ガ　Y ニ　　　→　Y ガ　X ニ / ニヨッテ / カラ
　　(C) X ガ　Y ニ　Z ヲ →　Y ガ　X ニ / カラ

9.4 受動文の格表示

基本的な考え方としては、ニの使用が一番広く、ニヨッテはやや公式な言い方であると言えます。ニヨッテが使いにくい文脈(カジュアルな文脈)と、カラを使わなくてはいけない文脈を理解することが大事です。

(A)から順に例を見ていきます。まず、カジュアルな場面でニヨッテを使うと(2)が示すように違和感があります。逆に公式の場ではよくニヨッテが使われます。特に(4)のようにXが歴史的に重要な創造物の主である場合はその典型と言えます。このグループではYカラを使うことはできません。

(2) ジョンが鳥をつかまえたんだよ。
 →鳥がジョン[に/?によって/*から]つかまえられたんだよ。
(3) 今朝早く、警察が犯人を取り押さえた。
 →今朝早く、警察[に/によって/*から]犯人が取りおさえられました。
(4) 足利義満が金閣寺を建てました。
 →金閣寺は足利義満[に/によって/*から]建てられました。

(B)は、元の能動文中において、変化を受ける対象がニ格で表される場合です。動作を受ける対象の物理的変化や場所の移動がイメージできる場合には、受動文では(5)のように、Yニとします。(5)(6)が示すようにそれ以外は不自然か不適格です。対象の心理に影響を及ぼすような場合には(7)のように、YニとYカラの両方を使うことができますし、公的な発話ならニヨッテも可能です。

(5) 犬がジョンにかみついた。
 →ジョンが犬[に/?によって/*から]かみつかれた。
(6) 猛犬が子供にかみつく事件がありました。
 →子供が猛犬[に/?によって/*から]かみつかれる事件がありました。
(7) 住民がマンションの建築に反対しました。
 →マンションの建築が住民[に/によって/から]反対されました。

最後の(C)は二重目的語をとる動詞です。(8)が示すように、能動文の直接目的語(＝卒業証書)を受動文の主語にした時には、動作主にニ格を使うことが

第9章 受動表現

できません。受け手のニ格との混同を避けるためにカラを使います。また、公式な発話ならニヨッテも可能です。さらに、「授与する」「贈る」「教える」など、明らかに便益の供与を意味する動詞の場合は間接目的語(＝学生)を主語にした受動文も可能です。この場合、(8)が示すようにニ格の動作主も問題ありません。これに対して、便益供与の意味が必ずしも明らかでない「買う」「送る」などは(9)が示すように受動文そのものが不適格となります。

(8) 学長が学生に卒業証書を授与した。
　　→卒業証書が学長[*に／によって／から]学生に授与された。
　　→学生は学長[に／によって／から]卒業証書を授与された。
(9) 父親が子供におもちゃを買った。
　　→おもちゃが父親[*に／*によって／*から]子供に買われた。
　　→子供は父親[*に／*によって／*から]おもちゃを買われた。

9.5　どんな時に受動文を使うか

受動文は以下のような場合によく使われます。
・視点を一つに揃える時
・迷惑を間接的に表す時
・情報価値の低い主語を省略して表現する時

下の例は、能動文でも受動文でも意味があまり変わりません。

(1) 猫がねずみを追いかけている。
(2) ねずみが猫に追いかけられている。

(1)と(2)は話し手の視点の違いを表していると考えられます。すなわち、話し手の注目が(1)では「猫」に、(2)では「ねずみ」に注がれていると考えるのです。そのため、二つの文で違った名詞が主語として取り上げられているわけです。(1)や(2)は話し手の主観で主語を選択できる例ですが、話し手の主観で主語を選択できない場合もあります。(3)－(6)は学習者の作文によく見られる例です。すわりの悪さに程度の差はありますが、どれも後半の主語の

9.5 どんな時に受動文を使うか

立て方に問題があります。

(3) ？今日、宿題を忘れて、先生が私を注意しました。
(4) ？部屋で寝ていた時に、電話が私を起こしました。
(5) ？昨日、町を歩いている時に、知らない人が私に話しかけました。
(6) ？92年に高校ができ、さらに2005年には人々は大学も建てました。

上の例はどれも、一つの同じ視点から表現した方が物事を理解しやすいという原則に反しています。同じ視点とは、言い換えれば同じ主語ということになります。この原則に従って後半部を(7)–(10)のように書き換えるとスムーズな文になります。

(7) 今日、宿題を忘れて、先生に注意されました。
(8) 部屋で寝ていた時に、電話に起こされました。
(9) 昨日、町を歩いている時に、知らない人に話しかけられました。
(10) 92年に高校ができ、さらに2005年には大学も建てられました。

(7)では「宿題を忘れた」のは「私」です。後半も同じ視点で表現するために主語を「私」にすると、それ以降は受動文にせざるを得ないので「(私は)先生に注意されました」となります。また、(8)の「電話が私を起こしました」では、無生物(=電話)が他動詞文の主語になっているために、やや翻訳調の感じがします。ここでも主語を「私」に揃えて、後半に受動文を使えば(8)のようにより自然な和文になります。(9)も視点を「私」一つに揃えるために後半が受動文になります。そのほうが、自然に耳に入って来やすいと思われます。最後の(10)も「学校が増えていった」という視点からまとめると、上のようになります。(6)では前半に「高校」をそして後半には「人々」を主語に使っていますので、視点の原則に反することになります。

上の例で受動文を使う理由の一つがわかりました。つまり、話の視点を表す、とりわけ二つ以上の事態を同じ視点から表現したい時に、受動文を使うということが言えます。二つ目の理由として、受動文は「迷惑や困惑の気持ち」を間接的に表したい時によく使われます。次の(11)と(12)はその典型である「迷惑受身」(adversative passives)です。

第9章 受動表現

(11) ぼくは花子に泣かれた。(それで困った。)
(12) ぼくは昨日雨に降られた。(それで困った。)

受動文はまた、(13)(14)のように主語がわからない時、あるいは情報価値が低いために、主語を表す必要のない時によく使われます。

(13) 今日、町で知らない人がぼくに声をかけた。
　　　→今日、(ぼくは)町で知らない人に声をかけられた。
(14) 主催者が参加者全員に記念品を贈った。
　　　→参加者全員に記念品が贈られた。

9.6　受動文ができない動詞

　そもそも、直接受動文とは、動詞の意味する作用や変化を受ける対象を主語にする文です。受け手がない能動文からは直接受動文を作ることはできません。一般に、自動詞文は動作の受け手を要求しませんので、直接受動文になることはありません。
　能動文中にある動作の受け手の他に、直接受動文成立のために大事な要素がもう一つあります。それは動作を行う主体です。(1)(2)では動作の主体はジョンです。動作を実行する主体は、一般に意志をもつ生物(多くは人間)です。そうすると、直接受動文の元になる能動文には、意志的な主語をとるような動詞がなければならないことになります。逆に言えば、非意志動詞の場合には、原則として直接受動文を作ることができないと言えます。

(1) ジョンがメアリーをぶった。
(2) メアリーがジョンにぶたれた。

　第3章4節で見たように、非意志の動詞には状態動詞(存在、必要・能力・所有、関係、知覚などの動詞)、受動の感情動詞(例：ほっとする、びっくりする)、感覚動詞などがあります。また、動態動詞では、物の状態や位置の変化を表す変化動詞(温まる、曇る、落ちるなど)や物の動きや現象を表す動詞(ゆれる、輝く、動くなど)が非意志動詞で、直接受動文はできません。有意志の

9.6 受動文ができない動詞

主語をとる動詞の中で、直接受動文ができないものには、授受動詞、相互動詞、移動経路の動詞などがあります。表1は受動文になりにくい動詞をまとめたものです。

表1 受動文になじみにくい動詞

動詞の意味	動詞の意志性	間接受動	直説受動	例
A. 状態 「居る」は例外で有意志	非	×	×	できる（可能）、見える、要る、ある（所有）、ある（存在）、似る、似合う、違う
B. 受動的感情	非	△	△	感心する、びっくりする
C. 生理的感覚	非	×	×	喉が渇く、傷が痛む
D. 非意志主体の変化	非	×	×	温まる、落ちる
E. 非意志主体の動き	非	×	×	焼ける、できる、伝わる、沸く
F. 客体授受	有	△	×	アゲル系、クレル系、モラウ系
G. 相互行為	有	○	×	結婚する、会う
H. 移動経路	有	○	×	歩く、渡る、通る、出る

非＝非意志性　有＝有意志性　○＝可、×＝不可　△＝条件付で可

表1にある動詞は、例外を除いて直接受動文ができないことを示しています。直接受動文ができないのは、ほとんどの場合、動詞が非意志的(A, C, D, E)です。また、有意志の場合には、動詞の表す意味が(G)の相互行為、または(H)の移動経路などで、これらは、主体が一方的に対象（＝直接目的語相当句）に変化や作用を与える通常の他動詞の場合とはやや違います。また、(F)の客体授受は、人と人の間を客体が移動することを意味しますが、こうした意味も直接受動文にはなじまないようです。(B)の受動的感情を表す動詞は、非意志動詞ですが、感情の誘因が人や人の行為であれば直接受動文ができます（例：ジョンはビル［の熱心さ］に感心した）。

間接受動文は主に迷惑を表しますので、それを感じる人の存在が必要です。(B)の受動的感情動詞は、感情の誘因が人や人の行為であれば、間接受動文ができます。そのほかの有意志動詞にも人が存在しますので、通常は間接受動文が可能です。(F)の客体授受を表す動詞では、クレル系を除いて間接受動文が可能です。以下に、(A)−(H)の例をいくつか見ておきます。

まず、(A)は可能、知覚、必要、存在などを含む状態動詞で、直接受動文は

できません。これらを含む能動文は間接受動文にしても許容性が低いです。

 (1) ビルは日本語が上手にできる。
 (2)→?ビルに日本語が上手にできられて困った。（間接受動文）
 (3) ブラインドの隙間からは朝日が見える。
  →*ブラインドの隙間から朝日に見えられて、まぶしい。（間接受動文）

しかし、存在の状態動詞「いる」は例外的に有意志ですので、(4)が示すように、間接受動文が可能です。(B)の受動的感情動詞は(5)が示すように、能動文にある感情の誘因（ビル）が人や人の行為（＝有意志要因）であれば、直接受動文も可能ですが、非意志的な誘因（その映画）の場合は、直接・間接受動文のいずれも不可能です。

 (4) そこに君がいる。
  → そこに君にいられては私は仕事ができない。（間接受動文）
 (5) ジョンが［ビル／その映画］に感心した。
  → ［ビル／*その映画］がジョンに感心された。
          （有意志誘因：直接受動文）
  → ビルはジョンに感心されて迷惑した。 （有意志誘因：間接受動文）
  →*その映画はジョンに感心されて迷惑した。
          （非意志誘因：間接受動文）

(C)の生理的感覚動詞、(D)の非意志主体の変化、(E)の非意志主体の動き、などは直接・間接受動文のいずれも不適格です。(9)が示すように「降る」は唯一の例外で、適格です。

 (6) *喉に渇かれてまいった。
 (7) *星に輝かれて嬉しい。
 (8) *家に焼けられて困った。
 (9) 雨に降られて困った。

(F)にある客体授受、または移動を表す動詞は、有意志の他動詞ですが、直

接受動文を作ることはできません。しかし、(13)が示すように、「もらう」の場合、客体の出所を含まない受動文は問題がないようです。

(10) メアリーが花に水をやった。
→*水がメアリーから花にやられた。
→*花がメアリーに水をやられた。
(11) 友達が弟に時計をくれた。
→*時計が友達から弟にくれられた。
→*弟が、友達に時計をくれられた。
(12) 友達は先生からその犬をもらった。
→*その犬は先生から友達にもらわれた。
→*先生は友達にその犬をもらわれた。
(13) 友達がその犬をもらった。
→ その犬は友達にもらわれた。

客体授受の間接受動文は「やる」の場合には問題がなく、「くれる」は全く不適格です。「もらう」の場合には、客体の出所（=(16)の下線部）を含まなければ適格です。

(14) メアリーに花に水をやられて、困った。
(15) *友達から、弟に時計をくれられて、迷惑した。
(16) ?友達に、<u>先生から</u>その犬をもらわれて、がっかりした。
(17) 友達にその犬をもらわれて、がっかりした。

(G)の相互動詞、(H)の移動経路を表す動詞は、直接受動文はできません。(H)はヲ格をとりますが、(19)が示すように、直接受動文は不可能です。(G)も(H)も能動文に有意志の主語がありますので、間接受動文は可能です。

(18) ジョンがメアリーと結婚した。
→*メアリーがジョンと結婚された。（直接受動文）
→ メアリーにジョンと結婚されては困る。（間接受動文）

(19)　その日の朝、ジョンが家を出た。
　　→＊その日の朝、家がジョンに出られた。（直接受動文）
　　→　朝早くジョンに家を出られて困った。（間接受動文）

9.7　指導上のポイント

　受動文の指導の際には、主語や目的語などの用語を学習者が知っているという前提は持たない方が無難です。特に米国では、まず基本的な概念を確認する必要があります。次に確認することは、動作の直接の影響を受ける名詞句は日本語ではヲ格または二格で表されること、そして、それらの名詞句が典型的に直接受動文の主語になるということです。助詞に関しては、一つずつ確認しながら指導していきませんと能動文内の二格（例：犬がジョンにかみつく）と受動文内の二格（例：ジョンが犬にかみつかれる）を学習者が混同してしまうケースがよく見られます。前者は動作の影響を受ける対象（patient）を表し、後者は動作主（agent）を表しています。

　また、受動文の練習では特定の状況の中で能動文や受動文を使う動機をよく理解させることが大事です。能動文を与えて受動文に書き換えさせる練習は、文型や活用形を覚えるのには大事です。しかし、それだけでは実用に耐え得る受動文が使えるようにはなりません。例えば、(1)のような能動文を与えて(2)のような受動文を作らせるやり方はあまり意味がありません。

(1)　ジョンがピアノをひいた。
(2)　ピアノがジョンにひかれた。

　機械的な活用の練習にはなるかもしれませんが(2)のような文だけを単独に使うことはまずありません。しかし(3)のような状況を与えて、間接受動文で「迷惑」を表現するよう指示することで、「ひく」の受身形を使う文脈がよくわかるようになります。

(3)　ジョンがピアノをひいた。うるさかった。
(4)　ジョンにピアノをひかれてうるさかった。（間接受動文）

第9章 まとめ

9.1 種類と形
- 直接受動文 (direct passive) - 他動詞文のみ
- 間接受動文 (indirect passive) - 自動詞文、他動詞文
- Irregular verb：kuru：kor-areru/suru：sareru
- U-verb：kak-u：kak-areru
- Ru-verb：mi-ru：mi-rareru

9.2 直接受動文
- もとの能動文のヲ格、またはニ格を主語にして書く文
「ジョンがメアリーを追いかける→メアリーがジョンに追いかけられる」
「犬がジョンにかみつく→ジョンが犬にかみつかれる」
- 文脈・語彙によって迷惑・非迷惑を表す

9.3 間接受動文
- 元の能動文がない：持ち主受身と第三者の受身
- 間接受動文の主語は有情名詞
- 動作・作用が間接的に有情主語に影響する
- 自動詞の間接受動文は迷惑受身文がほとんど

9.4 受動文の格表示
- 直接受動：Y ニ、Y カラ、Y ニヨッテ を使い分ける
- 間接受動：Y ニだけ

9.5 どんな時に受動文を使うか
- 視点を統一する時
- 迷惑を間接的に表現する時
- 主語がわからない時、情報価値が低いので主語を表さない時

9.6 受動文ができない動詞
- 直接受動文ができない動詞
    - 非意志動詞、授受動詞、相互動詞、移動経路の動詞
    - 「居る」は例外的に可、受動的感情動詞は条件付で可

- 間接受動文ができない動詞
  - 非意志動詞
  - 受動的感情動詞、授受動詞は条件付きで可

9.7 指導上のポイント
- 主語、目的語など基本的概念をニ格、ヲ格などと一緒に確実に指導する
- 特定の文脈の中で練習する

第10章 使役表現

> **この章の要点**
>
> 10.1 種類と形
> 10.2 他動詞の使役文と格表示
> 10.3 自動詞の使役文と格表示
> 10.4 使役受動文
> 10.5 使役文ができない動詞
> 10.6 指導上のポイント

10.1 種類と形

　使役表現(causative)とは下の [A] のような形式で、[B] の事態が起こるようにXが積極的または消極的に関係していることを示す文です。

(1)　使役の基本形
　　　[A]　Xガ　Yニ/ヲ　V-サセル
　　　[B]　事態　[YガV-スル]

　(2)は積極的な使役文の例です。このタイプには、事態の動詞に「勉強する」のような意志動詞が使われるのが特徴です。これに対して、(3)の「腐る」は非意志動詞です。このような動詞が「うっかり」などの非意志を表す副詞と共に使われると、消極的な使役の意味になります。

(2)　ジョンが娘に二階で勉強させた。(意志動詞)
(3)　私はうっかりハムを腐らせた。(非意志動詞)
(4)　私はわざとハムを腐らせた。(非意志動詞)

　(4)では、故意を表す「わざと」という副詞を一緒に使って意図的な意味合

第10章 使役表現

いを出しています。しかし、この場合でも薬を入れて積極的に腐敗を促進したわけではなく、腐るのを避けられたのに避けなかったと考えることができますので、その意味でやはり、(1)にあるXは、事態[B]の生起に消極的に関係していると言えます。

　積極的な使役の場合、「強制的な使役(make-causative)」と「許容・放任的な使役(let-causative)」があります。下の例は基本形[XがY(に／を)V-させる]にあるYに後続する助詞の意味の違いを示しています。一般に強制の意味には(5)のようにヲ格を使い、許容・放任の意味には(6)のようにニ格を使うとされています。

(5)　［強制的］ジョンが娘を二階で勉強させた。
(6)　［許容・放任］ジョンが娘に二階で勉強させた。

　上の例のように自動詞(勉強する)の使役の場合には、確かにヲ格とニ格の違いを読み取ることができます。しかし、他動詞の場合にはほとんどYが(7)のようにニ格になりますので、上のような違いはあまり明確ではありません。

(7)　父親がメリーに日本語を習わせた。［習う＝他動詞］

　次に動詞の使役形を見ておきます。(8)のように基本形と短縮形(contracted form)があります。

(8)　動詞の使役形

Root + (s)ase-ru　（使役形は Ru-verb になります）
Irregular verb：kuru → kosaseru　　（来る−来させる）
　　　　　　　　suru → saseru　　　（する−させる）
U-verb：yom-u → yom-ase-ru　　　　（読む−読ませる）
Ru-verb：mi-ru → mi-sase-ru　　　　（見る−見させる）

短縮形は Root+(s)as-u　（使役形は U-verb になります）
　　　kuru → kosasu　　　（来る−来さす）
　　　suru → sasu　　　　（する−さす）
　　　yom-u → yom-as-u　（読む−読ます）
　　　mi-ru → mi-sas-u　（見る−見さす）

短縮形をテ形で使うと、くだけた感じになります(右側が短縮形)。

(9) 明日また [来させてください / 来さしてください]。
(10) これを [読ませてください / 読ましてください]。
(11) この映画を [見させてください / 見さしてください]。

短縮形の使用には制限があります。例えば、マス形の前では短縮形よりも基本形が使われることが多いようです。

(12) ここに [来させます / ?来さします]。
(13) これを [読ませます / ?読まします]。
(14) この映画を [見させます / ?見さします]。

また、サセルの短縮形サスも使う環境が限られています。まず、単独に"do"の意味で使われることはありません。「指す」「刺す」などとの混同を避けるためと考えられます。また、助動詞として使われる場合もテ形やタラ形に限られているようです。

(15) 私に [させてください / ?さしてください]。
(16) その仕事はジョンに [させます / ?さします]。
(17) ジョンに [電話させます / ?電話さします]。
(18) 私に [電話させてください / 電話さしてください]。
(19) ジョンに [電話させたら / 電話さしたら] どうですか?

10.2 他動詞の使役文と格表示

使役文の基本形「XガYニ　Vサセル」のYは、他動詞の使役文ではほとんどがニ格になりますが、自動詞文ではニ格もヲ格も可能です。(2)は(1)の直前に「親が」を付け加えて使役文にしたものです。

(1) 子供がごはんを食べる。
(2) 親が子供にごはんを食べさせる。

第10章 使役表現

(3) ＊親が子供をごはんを食べさせる。

(2)では(1)で「子供が」だったのが「子供に」に変わっています。これは(3)のように「子供を」「ごはんを」とヲ格が二つ続くのを避けるためと考えられます。しかし、自動詞文の場合にはもとの文にヲ格はありませんので、(5)と(6)が示すようにニ格もヲ格も可能です。

(4) 　　　　子供が部屋で勉強する。
(5) 親が　子供に部屋で勉強させる。
(6) 親が　子供を部屋で勉強させる。

一般に、(5)のようにニ格を使うと「許容・放任的な使役」、そして(6)のようにヲ格を使うと「強制的な使役」と言われています。

また、他動詞の場合の(8)では、ニ格が二つ続くのを避ける傾向が見られます。

(7) 　　　　　　よしお　が　大使に　会った。
(8) ジョンは　よしお　を　大使に　会わせた。
(9) ？ジョンは　よしお　に　大使に　会わせた。

10.3 自動詞の使役文と格表示

10.3.1 非意志自動詞の使役文

自動詞の使役文では実際の動作をする行為者をYニまたはYヲで表すこととしました。しかし、自動詞には「勉強する」のような意志動詞だけでなく「死ぬ」「腐る」のように意志を含意しない非意志動詞があります。後者の使役文では「XガYヲVサセル」のようにYには必ずヲ格を使います。

(1) 息子が死んだ。
(2) 父親が　息子　[＊に／を]　死なせた。
(3) 子供がおぼれた。
(4) ジョンが　子供　[＊に／を]　おぼれさせた。

上の例では使役文の主語が有情名詞です。やや翻訳調ですが、下のように非情名詞(＝梅雨前線)が主語の場合もあります。ここでもやはりヲ格を使います。

(5)　雨が降った。
(6)　梅雨前線が雨　[*に / を]　降らせた。

10.3.2　意志自動詞の使役文

意志自動詞の場合には「X ガ Y （ニ／ヲ）　V サセル」のYには、ヲ格またはニ格が後続可能です。先述したように、ヲ格の場合には強制、ニ格の場合には許容・放任の傾向を示します。

(7)　メリーが座る。
(8)　ジョンがメリーを座らせる。
(9)　ジョンがメリーに座らせる。

10.4　使役受動文

使役の受動文は迷惑を表します。活用から先に見ます。動詞の使役形は全てRu-verb(＝一段動詞)ですから、最後のルをラレルに代えると(1)のように使役受動形になります。使役の短縮形からの受動形はありません。

(1)　動詞の使役受動形(使役語幹＋ラレル)

> Root ＋ (s)ase-ru → Root ＋ (s)ase-rareru
> ・Irregular verb：
> 　　　　kosase-ru → kosase-rareru　（来させる－来させられる）
> 　　　　sase-ru → sase-rareru　　　（させる－させられる）
> ・U-verb　：yomase-ru → yumase-rareru　（読ませる－読ませられる）
> ・Ru-verb　：misase-ru → misase-rareru　（見させる－見させられる）

次の例は(2)能動文から(3)使役文、(4)使役受動文と変わっていく順に並べたものです。

第10章　使役表現

```
(2)                    ぼくが   そうじ  した。
(3)         先生が    ぼくに   そうじ  させた。
(4)   ぼくが 先生に           そうじ  させられた。
```

　(5)の図は一番内側にある能動文「ぼくがそうじ-s-」から外側に見ていきます。例えば「先生が」を主語にして元の能動文を使役文にすると、新しい語尾(-ase-)が文末に加えられ、元の主語(＝ぼく)の格表示が、ガからニに変わることを示しています。そして、次の受動文のレベルでも同じメカニズムで、語尾と格表示に変化が見られます。

　　　(5)　態(voice)の変化に伴う主語と格の変化

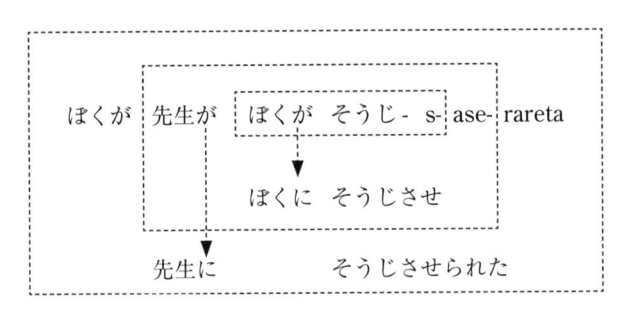

```
 ぼくが  先生が   ぼくが そうじ- s- ase- rareta
                         ↓
                 ぼくに そうじさせ
         ↓
         先生に            そうじさせられた
```

　(5)の図を参考にしながら、能動文から使役受動文を作る手順を学習者に練習させることができます。

```
(6)   花子がテストをうける
(7)   先生が （花子　が　テストを uk-)esase
(8)   花子が （(先生　が　テストを uk-)esase-rareta)
```

　例えば、上の(6)－(8)の場合は(6)で「花子がテストをうけ」と書いたら、続けてその左側に(先生が(花子がテストをうけ))→(花子が(先生が(花子が(テストをうけ))))というように主語だけを先に書いてしまいます。その後で、(　)内の格助詞や文末の活用がどのように変わるかを練習させます。例えば、左端に主語が増えると、その次に位置する主語がそれまでのガ格からニ格に変わることが視覚的にわかります。この方法を使うと、助詞を覚えるのに混乱が

少なくなりますし、また、後になって学習者が自分でパターンを再現する時の手がかりになります。

10.5 使役文ができない動詞

存在、必要、可能、類似関係などを表す動詞は使役ができません。

(1)　使役ができない動詞
　　　「ある」「要る」「できる」「似合う」
　　　「*あらせる」「*要らせる」「*できらせる」「*似合わせる」

また、非意志自動詞の中には対応する他動詞をもつものがあります。そうした場合には、使役形はほとんどの場合用いられません。類似の意味に対応する他動詞を使うことができますので、使役形が不要と思われます。

(2)　ドアが開く（自動詞）
(3)　ドアを［*開かさせる / ドアを開ける］（他動詞）
(4)　お湯がわく（自動詞）
(5)　お湯を［*わかせる / わかす］（他動詞）
(6)　電気がつく（自動詞）
(7)　電気を［*つかせる / つける］（他動詞）

一方、自動詞に対応する他動詞がない場合には、(9)や(11)のように使役形が他動詞の代用をしているということになります。

(8)　ハムが腐る（自動詞）
(9)　ハムを腐らせる（他動詞代用）
(10)　子供がおぼれる（自動詞）
(11)　子供をおぼれさせる（他動詞代用）

第10章 使役表現

10.6 指導上のポイント

英語の "make X do"(X に強制的にさせる)、と "let X do"(許可して X にさせる)などを和訳する場合には、動詞から判断して選択すべき日本語がわかりますが、"have 人 do"(または "have 物 done")の場合は、下の例が示すように可能な和訳が必ずしも一つではありません。

(1) I had John make a phone call to the shop.
(2) ジョンにその店に電話させた。(使役)
(3) ジョンにその店に電話してもらった。(受益)
(4) I had my car fixed by John.
(5) ジョンに車を直させた。(使役)
(6) ジョンに車を直してもらった。(受益)
(7) I had my car broken by John.
(8) ジョンに車をこわされた。(迷惑)

上のような英文の和訳を望む学習者に対しては、よく本人の意図を確かめて、正しい和訳を選択するように指導する必要があります。

第10章 まとめ

10.1 種類と形
- 基本形 [A] ［X ガ　Y ニ/ ヲ　V−サセル］
  　　　　[B] 　事態［Y ガ V−スル］
- 他動詞では「Y ニ」が基本
- 自動詞では「Y ニ」と「Y ヲ」が可能
- 「Y ヲ」強制(make-causative)
- 「Y ニ」許容・放任(let-causative)

10.2 他動詞の使役文と格表示
- 同じ格表示を避ける
  「ジョンがメアリー[に/ *を]酒を飲ませる」

10.3 自動詞の使役文と格表示
- 非意志動詞：
  X ガ Y ヲ　「梅雨前線が雨[を/ *に]降らせた」
- 意志動詞：
  X ガ Y ヲ　「ジョンがメアリーを座らせる」(make)
  X ガ Y ニ　「ジョンがメアリーに座らせる」(let)

10.4 使役受動文
- ヴォイス(voice)の変化と主語、格表示の関係を視覚化して指導する

10.5 使役文ができない動詞
- 「ある」「要る」「できる」「似合う」など

10.6 指導上のポイント
- "have 人 do /have 物 done" を日本語にする時には、文脈に応じてサセル、サレル、シテモラウ を使い分ける

第11章 授受表現

この章の要点

11.1 種類と形
11.2 丁寧さのレベル
11.3 テアゲル、テクレル、テモラウ
11.4 指導上のポイント

11.1 種類と形

11.1.1 授受の基本はアゲルとモラウ

授受表現は「やり・もらい」などとも言われます。英語圏では、しばしばGiving-Receiving Expressionとして導入されます。Giving verbの基本形にはアゲルとクレルの二種類ありますが、Receiving verbの基本形はモラウだけです。日本語のアゲル、クレルは英語にすると、どちらもgiveになってしまいます。そのため学習者の間には(1)のような誤用がよく見られます。これは(2)から類推した結果と思われます。

(1) You gave a book to me. 君はぼくに本を[*あげた / くれた]。
(2) I gave a book to you. ぼくは君に本をあげた。

英語でも日本語でも、授受表現は「物理的な物」、あるいは利益などの「抽象的なもの」(両方を指す時はモノ)が「やり手」(giver)と「もらい手」(receiver)の間を移動します。英語の場合はgiverとreceiverとの間になんの規制もありません。しかし、日本語ではgiverとreceiverの人称に一定の制限があり、(1)はそれを破っていますので「あげた」は不適格となります。このような規制のない英文の場合、問題はありません。

日本語の授受表現ではモノの移動方向を見極めることが大切です。そして、モノの移動が外向きならアゲル系、内向きならクレル系、またはモラウ系を使

第11章 授受表現

います。外向きとは一人称から二人称、三人称へと向かう方向で、内向きはその逆です。図1がこのことを示しています。

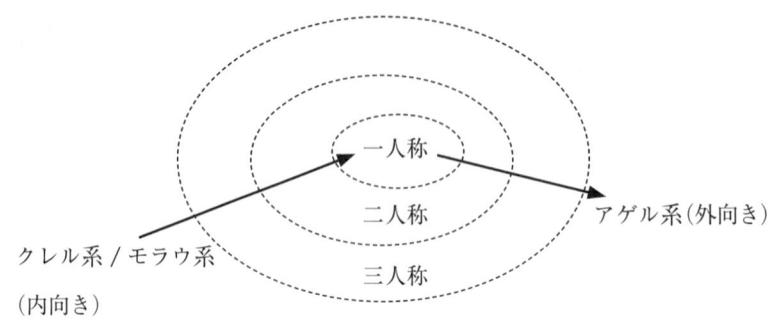

図1　モノの移動方向と授受動詞の関係

例文を見ながら上の図の意味を確認します。

(3)　I gave a book to [you/ John].　ぼくは [君／ジョン] に本をあげた。
(4)　You gave a book to John.　　君は　ジョン　に本をあげた。

(3)はIからyou/John(一人称→二／三人称)とモノの移動が外向きですから「あげた」が適格です。(4)でも「君はジョンに」(二人称→三人称)なので問題ありません。一方、(5)と(6)は英文では問題ありませんが、和文ではモノの移動が内向きであるために「あげた」は不適格になります。

(5)　John gave a book to [me/you].　ジョンは [*ぼく／*君] に本をあげた。
(6)　You gave a book to me　　*君は　ぼく　に本をあげた。

これらは下のように内向き用の動詞、クレル系にすれば適格になります。

(7)　John gave a book to [me/you]. ジョンは [ぼく／君] に本をくれた。
(8)　You gave a book to me.　　君は　ぼく　に本をくれた。

モラウ系もまたクレル系と同じようにモノが内向きに移動する時に使われます。

(9) I received a book from [you/John]. ぼくは[君/ジョン]から本をもらった。
(10) You received a book from John. 君は　ジョンから本をもらった。

(9)ではモノが「君/ジョン」から「ぼく」(二/三人称→一人称)ですから内向きの移動で適格です。(10)も「ジョン」から「君」(三人称→二人称)なので問題ありません。(11)と(12)は英文は問題ありませんが、和文はモノの移動が外向きになっていますので奇異な感じがします。

(11) John received a book from [me/you]. ジョンは[?ぼく/?君]から本をもらった。
(12) You received a book from me. ?君はぼくから本をもらった。

これまでの例からモノの移動が外向きの時にはアゲル系を使い、内向きの時にはクレル系、またはモラウ系を使うことが明らかになりました。下のようにモノの移動が同一人称の場合(＝三人称同士の時)には、方向は中立ですので人称制限の規制は適用されません。従って、giveにはいつもアゲル、receiveにはいつもモラウを使います。

(13) John gave a book to Bill.　　ジョンはビルに本をあげた。
(14) John received a book from Bill. ジョンはビルから本をもらった。

表1はモノの移動方向を組み込んで授受動詞をまとめたものです。

表1　授受動詞の基本形

タイプ	モノの移動方向	基本形	本書での名前
Giving	外向き	アゲル	Giving-OUT
Giving	内向き	クレル	Giving-IN
Receiving	内向き	モラウ	Receiving

11.1.2　モラウ系とクレル系の使い分け

前節でモノの移動が内向きの時にはモラウ系とクレル系の二つの表現があることを見ました。でも、なぜ二通りの表現があるのでしょうか。

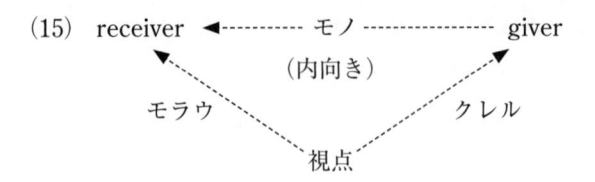

(15) receiver ◀------- モノ ------- giver
              ▼   （内向き）   ▲
            モラウ   クレル
                      視点

　これは話し手の視点の違いを示すためと考えられます。(15)に示したように、視点が「もらい手」(receiver)にあれば、それが主語となりモラウが使われます。逆に視点が「やり手」(giver)にあれば、それが主語となり述語はクレルとなります。結局、モラウとクレルは、モノの移動は全く同じで、主語の立て方の違いということになります。ただし、「もらい手」が明白な場合は、よく省略されます。

(16)　(僕が)ジョンに本をもらった。(視点：もらい手＝僕)
(17)　ジョンが(ぼくに)本をくれた。(視点：やり手＝ジョン)

　文脈によっては(17)は使えますが、(16)は違和感がある場合があります。例えば、(18)はタラ条件文で、この文の前件(＝タラ節)の主語は話し手(＝一人称)です。一般に、タラの事実条件文は、前件の主語と後件の主語とは違っていなければなりません。(18)の前件の主語は話し手(＝一人称)なので、後件に(16)を選ぶと、前件の主語と同じ一人称になってしまうので、不適格になります。一方、(17)を後件にする場合には主語は三人称の「ジョン」で問題ありません。

(18)　先日、久しぶりに同好会に行ったら→　(17)/*(16)

　上の例は、特定の文脈ではクレルかモラウの一方しか使われないことを示しており、二つの違った表現が必要な理由の一つになっています。
　また、クレル系はややぞんざいに聞こえることがあります。丁寧に話したい時には(20)や(22)のようにモラウ系を使う方が無難です。

(19)？これくれるんですか。
(20)　これもらえるんですか。

(21) ？留守中(私に)電話くれましたでしょうか。
(22) 　留守中(私が)電話もらいましたでしょうか。

11.1.3　モラウの内向き性

モラウはクレルと同じで内向きの表現です。従って、(23) – (25)のようにモノの移動が外向きの場合には、不自然に思われますが、その判断は母語話し手によってゆれがあるかもしれません。しかし、下のような文脈で考えるとやはり奇異な感じがしますし、→で示した文の方が自然です。

(23) ？君がぼくから本をもらったことがあるかな。
　　　（→[ぼくが]君に本をあげたことがあるかな。）
(24) ？ジョンがぼくから本をもらったことがあるかな。
　　　（→[ぼくが]ジョンに本をあげたことがあるかな）
(25) ？ジョンが君から本をもらったことがあるかな？
　　　（→[君が]ジョンに本をあげたことがあるかな？）

11.1.4　例外的な一人称扱い

モノが話し手の身内や話し手から心理的に近い人に移動する場合には、その移動先は一人称扱いとなります。

(26) 　You gave a book to my son.　君がうちの息子に本をくれた。
(27) 　　John gave a book to my son. ジョンがうちの息子に本をくれた。

上の(26)では移動方向が二人称(君)→三人称(うちの息子)で外向きと考えられますから、本来はクレル系が使えない環境です。しかし、「うちの息子」は一人称扱いになりますので実は内向き(二人称→一人称)となっています。(27)の場合も三人称→三人称では通常はクレルを使えない環境ですが、同様の理由で内向き(三人称→一人称)と考えると適格となります。(26)(27)の下線部のところには、身内でなくても心理的に近い対象が来ることができますので、(28)のような文も可能となります。

(28) 　Mr. Yamada gave hard candies to our office clerks.
　　　山田さんがうちの事務員にアメを[くれた / くださった]。

第11章 授受表現

　授受動詞を使う時は、助詞をしっかり理解する必要がありますので下の表にまとめておきます。「図1モノの移動方向と授受動詞の関係」を頭に置きながら表を学習するとわかりやすいでしょう。学習者が自分で再現しやすいように提示することを意図したものです。表の中を空白にして練習させるとよいでしょう。

表2　アゲル（外向き：Giving-OUT）

	私	あなた	ジョン	ビル
私が/は		に	に	に
あなたが/は			に	に
ジョンが/は				に
ビルが/は			に	

　表2は、ニ格の入っている箇所にモノが移動することができることを示しています。「モノを」は補って考えてください。左側にある一人称や（疑問文中の）二人称主語はよく省略されます。

　表3はモラウの助詞をまとめたものです。表2のニ格をカラ格に代えるだけで、他は全て同じです。モラウの助詞はニ格も可能ですが、表2とまぎらわしいのでカラ格を入れてあります。やはり一・二人称主語はよく省略されます。

表3　モラウ（内向き：Receiving）

	私	あなた	ジョン	ビル
私が/は		から	から	から
あなたが/は			から	から
ジョンが/は				から
ビルが/は			から	

　表4はクレルの対象として可能な移動先です。この表現では「誰がくれたか」が焦点となっていますので、主語を省略することはあまりありません。一方、一人称と二人称のもらい手はよく省略されますので（　　）の中に入れてあります。モノを表すヲ格は補って考えてください。

表4　クレル(内向き：Giving-IN)

	（私）	（あなた）	ジョン	ビル
私が/は				
あなたが/は	(に)			
ジョンが/は	(に)	(に)		
ビルが/は	(に)	(に)		

11.2　丁寧さのレベル

　授受表現にはスピーチレベルがあり、表5のように違った授受動詞を使い分けます。

表5　授受動詞のスピーチレベル

	レベル	アゲル系 (Giving-OUT)	クレル系 (Giving-IN)
Giving	ぞんざい	ヤル	−
	基本	アゲル	クレル
	謙譲語/尊敬語	サシアゲル	クダサル
Receiving	基本	−	モラウ
	謙譲語	−	イタダク

　アゲル系にはヤル(ぞんざいな形)、と謙譲語のサシアゲルがあります。また、クレル系には尊敬語のクダサルがあり、そしてモラウ系には謙譲語のイタダクがあります。

　(1)–(3)は丁寧さの度合いによってアゲル系を使い分けた例を示しています。

(1)　I feed the dog.　犬にえさをやる。
(2)　I gave flowers to John.　ジョンに花をあげた。
(3)　I gave a gift to the teacher.　先生にギフトを差し上げた。

　ヤルは give の意味では動物、親しい友人間、または家族の中など、使われる文脈が限られます。アゲルはヤルよりはやや丁寧ですが、これも会話では親しい間柄で使う表現です。アゲマスという丁寧体でも、社会的に目上の話相手に対して直接使うのは避けるべきでしょう。日本語では目上の人に物を提供する場合には単に「どうぞ」などと表現し、「上げます」という動詞はあまり使

いません。「差し上げます」も一番丁寧ですが文脈は限られます。目上の相手に対しては文の中などにおいては使えますが、対面している目上の相手に失礼のないように使うためには「<u>よろしければこれを差し上げたいんですが</u>」などと下線をしたような言葉を添える工夫が必要です。

下の(4)と(5)はクレル系の例です。(5)では主語の「先生」に敬意をはらって「くださった」が使われています。

(4) 花子が ［ぼくに／うちの息子に／君の息子に／君に］ 本をくれた。
Hanako gave [me/my son/your son/you] a book.

(5) 先生が ［ぼくに／ぼくの弟に／君の弟に／君に］ 辞書をくださった。
The teacher gave [me/my brother/your brother/ you] a dictionary.

モノの移動が三人称同士の場合は先述したように「Giving-OUT＝アゲル」と「Receiving＝モラウ」を使います。これらの動詞の主語は通常1人称ですから尊敬語はなく、謙譲語の「Giving-OUT ↓ ＝サシアゲル」、「Receiving ↓ ＝イタダク」だけが可能です。また、三人称同志の授受表現でこれらの謙譲語を使う場合は、主語が一人称扱いとなっています。

＜第3者間の授受　（敬語表現）＞

(6) 花子は先生 に ギフトを<u>差し上げた</u>。（謙譲語）
（Hanako gave a gift to the teacher.）

(7) 花子は先生 ［に／から］ 辞書を<u>いただいた</u>。（謙譲語）
（Hanako received a dictionary from the teacher.）

11.3　テアゲル、テクレル、テモラウ

授受動詞が助動詞として使われる場合には、対象物の移動ではなく便益(benefit)の授受を表します。基本的な概念は同じで、具体的な「物」から親切行為などの抽象的な「もの」に変わるだけです。やはり、テアゲルは話し手から見て外向き、テクレルとテモラウは内向きです。

(1)　(私は)花子に本を読んであげた。(一人称→三人称)
(2)　(私は)父に本を読んでもらった。(三人称→一人称)
(3)　父が(私に)本を読んでくれた。(三人称→一人称)
(4)　ジョンがビルの仕事を手伝ってあげた。(三人称→三人称)
(5)　ビルはジョンに仕事を手伝ってもらった。(三人称→三人称)
(6)　隣のおばさんにうちの弟が本を読んでもらった。
　　　　　　　　　　　　　　　　　　　　　(三人称→一人称(身内))
　　＝隣のおばさんがうちの弟に本を読んでくれた。
　　　　　　　　　　　　　　　　　　　　　(三人称→一人称(身内))

ただし、テモラウ文では出所の表し方に違いが見られます。(7)のようにモラウが本動詞で使われている場合、出所はカラまたはニのいずれでもかまいませんが、助動詞として使われている場合は(8)のようにカラを使うと不自然になります。

(7)　父[から/に]本をもらった。　(本動詞)
(8)　父[?から/に]本を読んでもらった。(助動詞)

11.3.1　テアゲル

　助動詞としての授受表現が正しく使えるようになるためには、上のようにまず抽象的な「もの」が移動する方向を理解する必要があります。これだけでも学習者には大変ですが、これではまだ不十分です。この後、さらにそれぞれが使用可能な社会的文脈をしっかり理解する必要があります。これは学習者にはわかりにくいため特に注意が必要です。(9)はよく見られるテアゲルの誤用例です。

(9)　(手荷物がたくさんあるのを見て気遣いのつもりで)
　　　?先生ひとつ持ってあげましょうか?

マショウカは親切などを提供する時によく使われる表現ですが、テアゲルと一緒にして、テアゲマショウカという疑問の形が使われる文脈は限られています。個人の希望などを聞くのに、上のような聞き方をするのは直接的で日本

語では失礼と考えられています。特に(9)のように目上の話し相手(二人称)に使うと、やや恩着せがましい感じがして自然ではありません。(10)のように話し手の意志について相手に許可を求めるような尋ね方が適切です。

(10) 先生、ひとつ［持ちましょうか / お持ちしましょうか］。

しかし、身内や親しい間がらでは(11)のように普通体を使って「てあげようか」は可能です。また、(12)のように社会的地位が確認できない第三者に対して行った親切を文として表現する場合には、テアゲルでも問題になりません。

(11) （弟に）一つ持ってあげようか。
(12) その人は荷物で両手がふさがっていたので、私がドアを開けてあげました。

11.3.2 テクレル

誰かに親切行為を受けた時、日本語ではその行為を表わす動詞にテクレルをつけなければなりません。例えば、(13)では「ジョンが私の英語の宿題を手伝う」という行為は「私」に対する親切行為と考えられます。従って、話し手はその行為にテクレルをつけて「手伝ってくれた」としなければなりません。

(13) （親切にも）ジョンが私の英語の宿題を［？手伝った / 手伝ってくれた］。
(John was kind enough to help me with my English homework.)

(13)は「ジョン」の意図的行為から発生する親切です。しかし、非意図的な行為が結果的に誰かに恩恵を与えることがあります。(14)は、ビルの非意図的行為(＝たまたま家に居たこと)が話し手に恩恵を与えたことを示す例です。この場合、テクレルの使用は義務的ではありません。恩恵を受けた話し手が感謝の意をこめるなら「居てくれて」とします。

(14) 電話した時、ビルがたまたま家に［居て / 居てくれて］よかった。
(I was glad because Bill happened to be at home, when I called.)

(15) プレゼントに CD をあげたらメアリーがすごく [喜んだ / 喜んでくれた]。(When I gave Mary a CD (hoping that she would like it), she liked it very much.)

(15) も同様にテクレルの使用はオプショナルです。「すごく喜んだ」というメアリーの非意図的な態度から受けた恩恵 (= メアリーが大きな喜びで応えてくれたこと) に対して、話し手が感謝の意をこめるならテクレルを使います。この場合、英語では (16) のように説明すると理解しやすいようです。

(16) In reacting positively toward the CD, Mary fulfilled the speaker's hope/wish. Use of "-tekureru" to describe Mary's reaction is optional. With "-tekureru," the speaker indicates his gratitude to Mary for showing her appreciation of his gift.

(17) では、非意図的行為が親切や恩恵ではなく迷惑になっています。ここでテクレルを使うのは皮肉 (sarcasm) で、むしろ迷惑感の強調とも言えます。

(17) この忙しい時に全く余計なことを [する / してくれる] よ。
(You've created unnecessary work for me when things are already so hectic.)

英語を母語とする学習者は、相手に対する感謝の気持ちを込めるテクレルのような表現には慣れていませんので、かなり練習が必要です。例えば「最近、家族や友達から受けた小さい親切について話してください」などの指示を出すことによって、学習者にテクレルの練習をさせることができます。以下は実際の練習例の一部です。

(18) テクレルを使った感謝表現の練習例
先生：家の人が時々、何か送ってくれますか？
学生：はい。昨日、母は私にチョコレートを送りました。
先生：ああ、そうですか。お母さんの action を appreciate しなかったんですか。
学生：いえ、あ、あのチョコレートを送ってくれました。
先生：ああ、そうですか。お母さんが送ってくれたんですか。よかったですね。

11.3.3 テモラウ

これは一般に英語では "have 人 do / have 物 done" と訳される表現です。

(19) 友達に宿題を手伝ってもらった。
(I had my homework helped by my friend.)
(20) ジョンにぼくのかわりに行ってもらった。
(I had John go there on behalf of me.)

しかし、上の英語の have 表現は日本語では使役にもなりますので、文脈によってテモラウかサセルかを区別する必要があります。

この違いは基本的には丁寧さの違いで、(21)が示すようにテモラウのほうが丁寧な言い方になります。

(21) ジョンに [行かせれば / 行ってもらえば]？
(Why don't we have John go ?)

また、同じ have 表現でも(22)(23)のように話し手にとって不利益をもたらすような事態の場合、日本語では受動表現を使うことになります。

(22) 帽子を風に飛ばされた。(I had my hat blown off by the wind.)
(23) 戦争で息子に死なれた。(I had my son die in the war.)

11.4 指導上のポイント

日本語の授受表現では「モノの移動方向」をしっかり把握させることが大事です。例えば、図1 (p.158)を使って内向きと外向きを視覚的に示します。そして、英語と日本語が同じなのはモノの移動方向が外向きの時か、あるいは中立の時(やり手ともらい手の両方が三人称の時)であるということを明確にします。さらに、モノの移動が内向きの時には主語の選び方が二通りあることを示します。すなわち、receiver を主語にする時にはモラウ(receiver/get)を使い、giver を主語にする時にはクレル(give)を使うということを確認します。

11.4 指導上のポイント

　アゲル（Giving-OUT）とクレル（Giving-IN）の違いは、図1や表1（p.159）を使って視覚的に指導すれば、それほどむずかしくはありません。また、学習者は助詞の使用でよく混乱を起こしますが、図1をよく理解していれば、表2〜表4（p.162-163）も自分で書くことができるようになります。この章で示した図や表を学習者が自分で再現できるようになるまで、宿題などで練習させることが大切です。一度概念が頭の中に入っても、発話における運用はまた別の練習となります。本当に定着するまでは他のいろいろな項目と組み合わせて、少なくとも一学期の間は丹念に練習を続ける必要があるでしょう。

第11章 まとめ

11.1 種類と形
- 授受表現の基本はアゲル（Giving-OUT）とモラウ（Receiving）
- アゲルはモノが外に向かう
- モラウ（Receiving）とクレル（Giving-IN）はモノが内に向かう
- 第三者間の Giving-Receiving にはアゲルとモラウを使う。クレルは使わない

11.2 丁寧さのレベル
- アゲル系（Giving-OUT）： ヤル（ぞんざい）
  　　　　　　　　　　　　サシアゲル（謙譲語）
- モラウ系（Receiving）：イタダク（謙譲語）
- クレル系（Giving-IN）：クダサル（尊敬語）

11.3 テアゲル、テクレル、テモラウ
- テアゲマショウカは目上に対する行為の提示には使わない
  シマショウカ、と相手の許可を尋ねるのが適切
- テクレルは相手の行為・態度に感謝を示す
- 英語の「have 人 v」はテモラウ / サセルの両方が可能なので注意する
- モラウと共起する助詞
  - 物理的な物の移動にはニ / カラの両方が可
  - 抽象的なものの移動にはニのみを使う
  「ジョン[に / から]手紙をもらった」
  「ジョン[に /＊から]手伝ってもらった」

11.4 指導上のポイント
- モノの移動の方向を視覚的に把握させる
- 図や表を学習者が自分で再現できるようになるまで練習する

第12章 敬語表現

> **この章の要点**
> 12.1 種類と形
> 12.2 尊敬表現
> 12.3 謙譲表現
> 12.4 丁寧表現
> 12.5 指導上のポイント

12.1 種類と形

　表1には、尊敬表現(honorific-polite)、謙譲表現(humble-polite)、丁寧表現(neutral-polite)という三種類の敬語表現(honorific expression)をあげてあります。[1]

表1 敬語表現

	尊敬	謙譲	丁寧
敬意の対象	主語	目的語	聞き手
規則形	お+Preマス形+になる	お+Preマス形+する	です、ます
不規則形	いらっしゃる めしあがる、など	うかがう いただく、など	

　表中のPreマス形とは連用形と同じことで、マス形の前の形(例:「帰ります」の「帰り」)を指します。

　敬語表現は、考える手順をよく理解させることが大事です。それにはまず、「誰に敬意をはらうのか」を明らかにする必要があります。(1)のように主語(山田さん)に敬意をはらいたい場合は、尊敬表現(「お+Preマス形+になる」)を使います。

---
[1] honorific-polite, humble-polite, neutral-polite などは Jorden & Noda (1987)の用語です。

第12章　敬語表現

(1)　山田さんが本を<u>お渡しになる</u>。（敬意→主語）
(2)　山田さんに本を<u>お渡しする</u>。（敬意→目的語）

　(2)のように主語が省略されている文がよくあります。このような場合には、主語と目的語が区別できないために、どうして(1)と(2)では異った形になるのか理解できない学習者は少なくありません。そうした際に(2)では、主語(私が)が省略されていること、そして山田さんが(間接)目的語であることをまず確認します。そして、敬意を表したい人が(間接)目的語の時、あるいは敬意を表したい人の身内や持ち物が(直接)目的語の一部である場合には、謙譲表現(お＋Preマス形＋する)を使うことを指導します。(2)の謙譲表現では(間接)目的語の「山田さん」に敬意をはらっています。また、(3)(4)ではそれぞれ(直接)目的語の一部である「佐藤さん」や「社長」に敬意を表しています。

(3)　佐藤さんの<u>ご子息</u>をお連れした。
(4)　社長の<u>かばん</u>をお持ちした。

　(3)と(4)では文末が普通体で終わっています。これらの文を目上の人に対して言う時には聞き手に対する敬意が必要ですので、(5)(6)のように丁寧表現(マス形)が加えられます。

(5)　佐藤さんのご子息をお連れし<u>ました</u>。
(6)　社長のかばんをお持ちし<u>ました</u>。

12.2　尊敬表現

　動詞の尊敬表現には(1)のように規則的なものが二つあります。Aの規則的表現のほうがBの(ラ)レルを使った表現よりも硬い(formal)感じがします。

(1) 　尊敬表現の動詞の規則形　二種(regular forms)

> A：お＋Preマス形＋になる

(例)お帰りになる、お休みになる(漢語：ご乗車になる)

> B：語幹(root)＋(r)areru

語幹＋(r)areru	例
ko-rareru	来られる
s-areru	される
nom-areru	飲まれる
mi-rareru	見られる

ごく少数の限られた動詞には補足的なものもあります。代表的な例を(2)にあげておきます。

(2) 　尊敬表現の補足形(suppletive forms)

普通体	尊敬体
行く／来る／いる	いらっしゃる
食べる／飲む	召し上がる
言う	おっしゃる
する	なさる
見る	ご覧になる

形容詞や名詞の尊敬表現を作るには、(3)(4)のようにオを語頭につけます。また漢語では多くの場合にゴをつけます。

(3) 　オ＋形容詞：おきれいだ、お美しい(漢語：ご健康だ)
(4) 　オ＋名詞＋ダ：お好みだ、お話だ(漢語：ご両親だ)

12.3　謙譲表現

謙譲表現は、話し手やその身内の行為に使われる敬語表現です。文法的には、主語の立場を下に置く(＝謙遜する)ことで目的語、または(文中に目的語がない場合は)聞き手の立場を引き上げて結果的に敬意を表現します。

第12章　敬語表現

(1) 　明日は私が先生を<u>ご案内します</u>。
(2) 　おかげで病気も回復<u>いたしました</u>。(シタの謙譲語)

(1)では「先生」(目的語)に、また(2)では聞き手に対する敬意を表しています。

形容詞の謙譲表現はありません。名詞には「拙著」「小生」など限られた数の表現があります。動詞の謙譲表現には(3)(4)のような規則的なものと補足的なものがあります。

(3) 　謙譲表現の規則形

> お + Preマス形 + する / いたす

(例) お連れする、ご案内する(漢語にはゴ)
　　　(主にマス形と共に)お連れいたします、ご案内いたします

(4) 　代表的な謙譲表現の補足形

普通体	尊敬体
行く / 来る	まいる
居る	おる
食べる / 飲む	いただく
言う	申す
する	いたす
見る	拝見する

12.4　丁寧表現

日本語では「うち」と「そと」の区別、または公私の別に応じて述語を使い分けます。これが敬語の中の丁寧表現です。すなわち、親しい間柄では普通体(plain form)、かしこまった間柄、または状況では丁寧体(polite form)を使います。

(1) 　明日来る？　　(普通体)
(2) 　明日来ますか？(丁寧体)

動詞文の丁寧体にはマス、名詞文・形容詞文にはデスを使います。

(3) 明日来ますか？（動詞文）
(4) ジョンは学生です。（名詞文）
(5) ［高いです／きれいです］。（形容詞文）

名詞文と形容詞文にはさらに丁寧なゴザイマス文があります。

(6) （エレベーターの中で）次は三階でございます。（名詞文）
(7) ほんとうにきれいでございます。（ナ形容詞）
(8) 大変嬉しゅうございます。（イ形容詞）

12.5　指導上のポイント

学習者の頭の中にまず下の規則形が入っていることが大事です。

(1) 尊敬：お＋Preマス形＋になる
(2) 謙譲：お＋Preマス形＋する

そして(3)は主語に敬意を表したい時に使うこと、従って、主語には自分や身内がこないことなどを確認します。一方、(2)の場合にはたいてい自分かその身内が主語であることなどを、見てすぐにわかるようになるまで練習します。また、練習の際には尊敬語と謙譲語の両方が出てくるような設定で役割を明確に決めたロールプレイが有効です。（例：会社の中での部長と課長の会話とか、会社Aの社長と会社Bの新入社員の会話など。）

第12章 まとめ

12.1 種類と形
- 尊敬表現（honorific-polite） ― 敬意を表したい相手は主語
- 謙譲表現（humble-polite） ― 敬意を表したい相手が目的語、敬意を表したい相手の身内や持ち物が目的語の一部
- 丁寧表現（neutral-polite） ― 敬意を表したい相手は聞き手

12.2 尊敬表現
- 動詞には規則形が二種類と補足形がある
- 自分や身内のことには使わない
- 規則形と補足形は（ラ）レル形よりも硬い（formal）

12.3 謙譲表現
- 動詞には規則形と補足形があるが、形容詞にはない
- 話し手（または身内）の描写に使う
- 名詞には少数の謙譲表現がある「小生」「拙宅」「愚息」など

12.4 丁寧表現
- 聞き手や読み手に敬意を示す文末表現 デス、マス、ゴザイマス
- 公式な場面、疎遠な人間関係、あるいは相手の年齢や、社会的地位が上位であるような状況で使う

12.5 指導上のポイント
- 規則形を頭に入れる
- 役割を明確にしたロールプレイで練習する

第13章 複文

> **この章の要点**
>
> 13.1 単文と複文
> 13.2 ノ＋共時動作 と コト＋抽象概念
> 13.3 注意すべき連体節
> 13.4 指導上のポイント

13.1 単文と複文

　単文とは、一つの主語に対して一つの述語がある文です。複文とは、原則として主語と述語が複数ある文です。しかし、日本語では文脈からわかる要素はよく省略されるため(1)のように表面上の主語が一つで述語が二つということはよくあります。(1)では「電話したら」の動作主である「私」が省略されています。

　　(1)　電話したら、ジョンはいなかった。

　益岡・田窪(1992：181-214)にある複文の分類をまとめると、(2)(3)のようになります。(2)は主節が文末に来る事を示し、その前にはなんらかの接続節が来ることを表しています。

　　(2)　複文の構造：[　[接続節]　[主節]　]

　　(3)　接続節 ┌ 従属節 ┌ 補足節
　　　　　　　 │   ├ 連体節
　　　　　　　 │   └ 副詞節
　　　　　　　 └ 並列節 ┌ 順接節
　　　　　　　 └ 逆接節

第13章 複文

　接続節には従属節（subordinate clause）と並列節（coordinate clause）があります。さらに、並列節には下の例のように順接節(4)と逆接節(5)があります。

(4)　<u>ジョンがピザを食べて</u>、ぼくはスパゲッティーを食べた。（順接節）
(5)　<u>ジョンは来たけど</u>、メリーは来なかった。（逆接節）

　並列節では（従属節の場合と違って）、先行する接続節が主節の主語になったり、目的語の働きをすることはありません。また主節を修飾することもありません。並列節を持つ文はこれまで重文とよばれていたものです。
　従属節は、大きく補足節、連体節、副詞節の三つに分かれます。最初の補足節から見ていきます。
　補足節とは文レベルで言う補語（例：目的格補語）とほぼ同じです。補語は通常、名詞ですが、補足節も名詞の働きをもっています。補足節には名詞節（noun clause）、間接疑問節（indirect question clause）、引用節（quotative clause）の三種があります。(6)(7)は名詞節の例です。ここではノやコトでまとめられた名詞節が、それぞれ主節の主語や目的語になっています。

(6)　[悪いと知っていて黙っている]の　は罪悪だ。
(7)　[ジョンが本を貸してくれた]こと　をぼくは忘れていた。

　上の名詞節は、主語や目的語の位置に埋め込まれていることから埋め込み文（embedded sentences）とよぶこともあります。また、名詞節をつくるノやコトは普通名詞と区別して形式名詞とか "nominalizer" などとよばれます。(8)は間接疑問節の例です。このように「か」で終わる間接疑問節も名詞と同じ働きで、ここでは主節の目的語になっています

(8)　[ジョンが行くかどう]か　（を）知っていますか。

(9)は引用節です。引用の標識には「と」が使われます。

(9)　[ぼくは行かない]と　ジョンが言っていた。

学習者がつくる引用節には、「悪口を言う」などの連想から下のような誤用がよく見られます。

(10) *8時半までに来てください<u>を</u>言っておけばいいでしょう。

使い分けとしては「名詞＋を」、「文＋と」として指導する必要があります。ここで言う文とは(12)のように述語だけの文も含みます。

(11) 冗談／悪口／おせじを言う
(12) ［おはようございます］と言う

従属節の二つ目は連体節です。連体節とは、体言(＝名詞)に連なる節ということで形容詞節のことです。(13)は典型的な連体節で「本」を修飾しています。

(13) ［ジョンが貸してくれた］本を読んだ。

そして、従属節の三つ目は副詞節です。下の例のように時、理由・原因、条件などを表すものなどがあります。

(14) ジョンが外に出ると　雨が降っていた。(時)
(15) 傘がなかったので　雨がやむのを待った。(理由)
(16) 雨がやまなければ　傘を買おうと思った。(条件)

この章ではまず従属節の中の補足節、そのなかでも名詞節を作るノとコトを見ます。これは学習者の間で使い分けがよく問題になります。次に注意すべき連体節を見ます。副詞節は項目が多いので次章以降で扱います。

13.2　ノ＋共時動作 と コト＋抽象概念

13.2.1　目的語の位置に現れるノ／コト

(1) ジョンが引っ越した［の／こと］を知っていますか。

第13章 複文

(2) ジョンが泳いでいる[の/*こと]を見ました。
(3) 来年、日本に行く[*の/こと]を考えています。

　ノ/コトは(1)のように入れ替えが可能なこともありますが、後の例が示すように、いつでもそうではありませんので、使い分けが問題となります。
　一般にノの前には感覚的に捉えることができる具体的な事柄が、そして、コトの前には抽象的な概念が来ることが知られています。また、抽象名詞をとれないような述語は、ノやコトを目的語とすることはできません。例えば「(*こと/*の)を食べる」などです。
　野田(1995：425-428)はノ/コト節の出来事と主節の動詞の共起関係を詳細に報告していますが、それをまとめると以下のようになります。

　　＜ノだけが使われる場合＞
(4) 埋め込み節が表す事態が存在している間でなければ実行できないような動作を主節の動詞が表している時。

これには下のような例が当てはまります。

(5) メリーが荷物を運ぶ[の/*こと]を手伝った。
(6) ジョンが出て行こうとする[の/*こと]を引き止めた。
(7) 彼が帰ってくる[の/*こと]を朝まで待った。

　例えば(5)では、「メリーが荷物を運んでいる」間でなければ話し手が手伝うことはできないと考えられます。つまり、「運んでいる」と「手伝う」は同時に進行するものです。本書ではノ文のこのような特徴を捉えて「ノ＋共時動作(synchronized action)」とよぶことにします。
　下の(8)も野田(1995)の内容をまとめたものです。

　　＜コトだけが使われる場合＞
(8) 埋め込み節で表されている事態を主節の動詞が抽象的な概念やまとまりとして捉える時。

(8)に当てはまる動詞として、野田(1995)は思考動詞(考える、思う)、伝達の動詞(伝える)、働きかけの動詞(命じる)、事態の実現を表す動詞(始める)、表示の動詞(示す)などをあげています。下に実際の例をいくつか添えておきます。

(9) 来年、大学に行く[*の/こと]を考えている。
(10) 家内が喜んでいた[*の/こと]をお伝えください。
(11) 24時間以内に避難する[*の/こと]を命じます。

コト文の上のような特徴を「コト+抽象概念」(abstract concepts)とよんでおきます。

野田(1995)は動詞によってはノとコトのどちらも受け入れるものがあり、それは埋め込み節の内容や文脈に応じて決まる、としています。そして動詞の例には認識動詞(知る、わかる)、感情・評価・態度を表す動詞(喜ぶ、賛成する、とまどう)、事態の非実現や終了を表す動詞(やめる、よす)などをあげています。下にいくつか例文を示しておきます。

(12) 車を降りるまでボタンがとれている[の/こと]がわからなかった。
(13) 父は誕生日に姉が帰って来た[の/こと]を喜んでいた。
(14) 年老いて、最近は絵を描く[の/こと]もやめたらしい。

(15)には各グループの代表的な動詞をまとめておきます。

(15) ノ/コトを目的語にとる動詞例

ノ	コト	ノ/コト
見る	考える	喜ぶ
聞く(聴覚)	伝える	悲しむ
感じる	言う	知る/知っている
待つ	命令する	わかる
手伝う	要求する	賛成する
邪魔する	聞く(情報)	忘れる
ひきとめる	始める	期待する/希望する
	示す	やめる/よす

13.2.2 主題・主語の位置に現れるノ/コト

補文を主題にする場合にはノを使います。その典型は、いわゆる英語の強調構文です。英語の強調構文は(16)のような意味構造になっており、日本語では(17)のように対応しています。

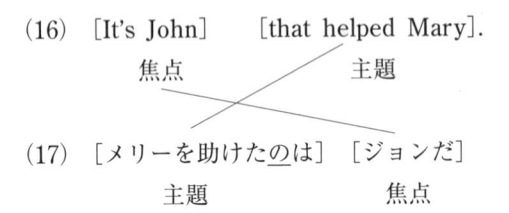

(16) ［It's John］　　［that helped Mary］.
　　　　焦点　　　　　　　主題

(17) ［メリーを助けた<u>の</u>は］　［ジョンだ］
　　　　主題　　　　　　　　焦点

(17)では「主題文+ノハ、焦点+ダ」とノが現れています。(18)が示すようにコトを使うことはできません。

(18) メリーを助けた［の/*こと］はジョンだ。

また、主節の動詞が関係や類似などを示す場合にもノだけが使われます。

(19) ジョンが行かない［の/*こと］はメリーの病気と関係がある。
(20) 持っていても使わない［の/*こと］は持っていないのと同じだ。

次はコトだけが使われる場合です。まず、下の文を見てください。ここではスルコトダは忠告を表す慣用表現です。

(21) 語学の上達のためには毎日勉強することだ。

上のような忠告文が強調文の一部になったときにはコトはそのまま残ります。述語には「大事だ」「必須だ」など、評価を表す言葉が来ます。

(22) 語学の上達のためには毎日勉強する［?の/こと］が大事だ。
　　　(It's important to study every day to improve your language skills.)

このほかにも慣用表現としてコトを使うものには経験(タコトガアル)、反復(スルコトガアル)、能力(コトガデキル)、決定(コトニナル)などがあります。このような慣用表現を補文として使う時にはコトをノに代えることはできません。

関連事項として、補文を<u>名詞述語</u>の一部として使う場合にはコトにしなければなりません。ノダとの混同を嫌うものと考えられます。これは述語を含む部分を焦点にした強調構文に典型の構造です

(23) ジョンがメリーを助けた。
(24) ジョンがしたのは<u>メリーを助けた</u>[*の / こと]だ。
(It's that he helped Mary that John did.)

最後に下のような感情を表す形容詞や自発の動詞が示す状態の対象を表す節にはノ / コトのいずれも使うことができます

(25) ジョンが無事、卒業できた[の / こと]は<u>喜ばしい</u>。(感情形容詞)
(26) メリーがいない[の / こと]が<u>惜しまれる</u>。(自発の動詞)

13.3　注意すべき連体節

連体節とは名詞(＝体言)を修飾する形容詞節と同じです。連体節では従属節内の二大制限がはっきり現れます。第一に連体節の主語にはガを使います。対比のハは可能ですが主題のハが連体節の中に現れることはありません。第二に述語は必ず普通体を使います。

(1) [ジョン[が / *は]買った]本　(主語にガを使う)
(2) [ジョン<u>は</u>買った]本をぼくは買わなかった。(対比のハ)
(3) [ジョンが<u>買った</u> / *買いました]本　(述語は普通体)

連体節の主格ガは下の例のようにノと交代することができます。

(4) ジョン[が / の]買った本

第13章 複文

　また、連体節では修飾する名詞（＝被修飾語）の前に引用を表す形式であるトイウが現れる場合と、そうでない場合があるので使い分けが問題になります。

(5)　ジョンがアメリカに[*帰った / 帰ったという]うわさ
(6)　何か物が[落ちる / *落ちるという]音
(7)　1年間アメリカに留学していた[経験 / という経験]

　これらの使い分けは、非修飾語の性質によって下のようにまとめることができます。

＜トイウが必須の時＞
(8)　引用に関係のあるもの：うわさ、意見、考えなど自分以外の人から得られる情報を表す名詞の時。
(9)　もうすこし慎重に進めるべきだ(*Ø/*の / という)意見がある。

　上の例ではトイウが必要です。また、上のようにノの誤用がよく見られますので「引用＋トイウN」の指導が必要です。

＜トイウが使えない時＞
(10)　共時経験が必要なもの：「連体節＋被修飾語」に表されている事柄が存在している間しか話し手が経験できない事態を、主節の述語が表している場合。感覚動詞（「見える」「音がする」「気配がする」など）ガが表す状態の対象になっている場合。これは形式名詞ノを使わなくてはならない場合と同じです。
(11)　となりの部屋に誰かがいる(Ø/*という)気配がした。

　(11)では「となりの部屋に誰かがいる気配」はそれが存在する間だけ話し手がその気配を察知することができるという意味になります。この場合は、トイウを使うことができません。

＜トイウの選択が自由な時＞
(12)　連体節が被修飾語の内容を表すが、引用ではない場合で「経験」、「事

故」、「配慮」など。
(13) 高速道路で車が急に炎上する(∅/という)事故がありました。

13.4 指導上のポイント

　英語圏では、文構造の基本的概念(単文、複文、主語、目的語など)をしっかり習得している学習者は、あまり多くないと考えておいた方が無難です。従って、複文の導入時には基本を確認しておくことが大事です。特に日本語では従属節が必ず先に来ますが、英語の場合には下の例が示すように必ずしもそうではありません。

(1)　家を出た時、雨が降っていた。
(2)　It was raining when I left home.
(3)　When I left home, it was raining.

　主節と従属節をどう区別するのか、そして、英文とどのように対応するのかなどを導入時にしっかり確認しておく必要があります。日本人は一般によく文法を知っていますので、学習者もこれぐらいは知っているだろうとよく先入観を持ってしまいますが、それは多くの場合、禁物です。
　また、複文の従属節内では、しばしば述語の普通体が必須となります。普通体の活用に不安が見られるような時には、スケジュールを調整しても復習しておくことが大事です。

第13章 まとめ

13.1 単文と複文
- 単文は主語と述語が一つずつ
- 複文は主語と述語が複数ある
- 複文の構造：接続節＋主節
- 接続節の種類
  - 並列節…順接節、逆接節
  - 従属節…補足節、連体節、副詞節
- 補足節
  - 名詞節
  - 間接疑問節
  - 引用節

13.2 ノ＋共時動作とコト＋抽象概念
- ノもコトも名詞節をつくる
- 埋め込み文：ノやコトでできた名詞節が主語や目的語の位置に埋込まれた文
- ノだけ取る動詞：感覚動詞（見る、聞く、感じる），手伝うなど
- コトだけ取る動詞：思考（考える、思う），伝達（伝える、言う）
- ノ／コトどちらも取る動詞：認識動詞（知る、わかる），感情・評価・態度（喜ぶ、賛成する、とまどう）

13.3 注意すべき連体節
- うわさ／意見の引用説明にはトイウ
  「ジョンがアメリカに帰った [*Ø/ という] うわさ」
- 感覚で捉えられた現象にはゼロ（＝トイウは使えない）
  「物が落ちる [Ø/ *という] 音が聞こえた」
- 引用ではない経験、事故などにはトイウがあってもなくてもよい
  「アメリカに行った [Ø/ という] 経験がある」

13.4 指導上のポイント
- 文構造の基本的概念（単文、複文、主語、目的語、など）をよく確認した上で、主節や従属節の詳細を指導する

第14章 副詞節

この章の要点

14.1 従属節のテンス
14.2 状態・動作の継続を表す述語と従属節
14.3 When/While の訳し方
14.4 時間を表す〜ルマエ と 〜タアト
14.5 期間のアイダ と アイダニ
14.6 テ形による理由表現
14.7 主観的カラと客観的ノデ
14.8 目的・理由を表すタメ(ニ)
14.9 指導上のポイント

14.1 従属節のテンス

　まず副詞節を含む従属節のテンスを見ておきます。単文のテンスは、文中の出来事が発話の時点よりも前に起こっていれば過去形、発話時点以降であれば非過去形を使うことを第6章で見ました。複文には、主節のテンスと従属節のテンスがあります。主節のテンスは複文全体のテンスを表すものです。これは、単文のテンスと全く同じように考えます。下の例文では、主節(＝文末)のテンスが(1)と(3)では非過去、(2)と(4)では過去の出来事を表しています。

(1)　学校に来るときに、コーヒーを飲みます。　（主節→従属節）
(2)　学校に来るときに、コーヒーを飲みました。　（主節→従属節）
(3)　学校に来たときに、コーヒーを飲みます。　（従属節→主節）
(4)　学校に来たときに、コーヒーを飲みました。　（従属節→主節）

第14章　副詞節

　一方、日本語の従属節のテンスは、その節内の出来事が主節のテンスよりも前に起こるか、後に起こるかを示すものです。(1)や(2)のように、従属節内のテンスがル形であれば、それは主節のテンスの時点で、従属節内の出来事が未完了であることを示します。つまり、主節→従属節の順序で出来事が起こることを意味します。これとは逆に、(3)と(4)のように、従属節内のテンスがタ形であれば、主節のテンスの時点で、従属節内の出来事が完了していることを示します。従って、従属節→主節の順序で出来事が起こることを意味します。このようなテンスシステムにおいては当然、主節と従属節のテンスが違うことがあるわけです。しかし、テンスの一致が厳格な英語を話す学習者にとって、これは非常に抵抗があるようです。あらかじめ、日本語の従属節のテンスの意味をよく説明することが大切です。(5)–(8)は上のことを図にしたものですので確めてください。

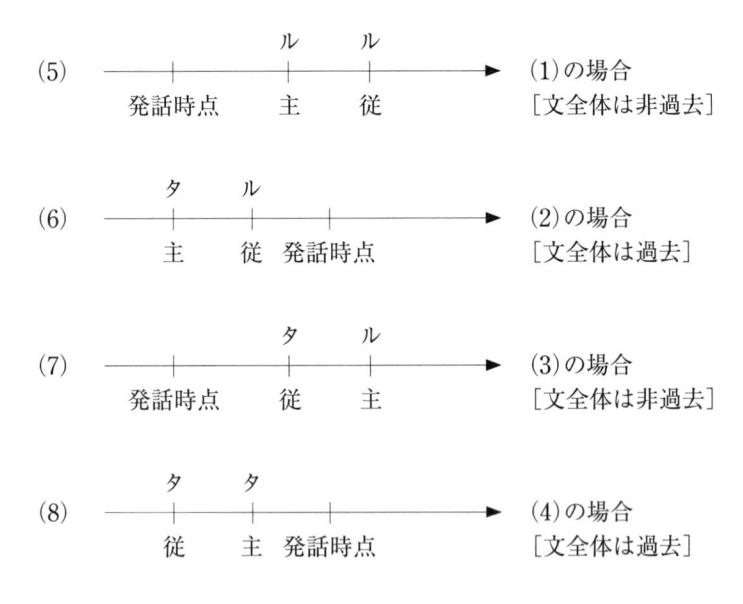

```
                    ル    ル
(5)  ────────┼─────┼─────┼────────▶   (1)の場合
          発話時点   主    従            ［文全体は非過去］

            タ     ル
(6)  ────┼──────┼─────┼────────▶   (2)の場合
         主      従   発話時点         ［文全体は過去］

                    タ     ル
(7)  ────────┼─────┼─────┼────────▶   (3)の場合
          発話時点   従     主           ［文全体は非過去］

          タ    タ
(8)  ────┼─────┼─────┼────────▶       (4)の場合
         従    主   発話時点            ［文全体は過去］
```

これらは下のような覚え方もあります。

(9) 　「〜タ時 → 「時」の意味は after V-ing」
(10)　「〜ル時 → 「時」の意味は before V-ing」

14.2　状態・動作の継続を表す述語と従属節

下の(1)(2)は、従属節の述語に主節と同じタ形を使わなくても、意味はほとんど変わりがありません。このように、主節と従属節の出来事や状態が同時に進行している場合には、主節が過去形であるにもかかわらず、従属節には非過去形と過去形のどちらでも使うことができます。

(1)　サリーは暇が[ある / あった]時はよく図書館に行った。(状態動詞)
(2)　めがねを[かけている / かけていた]時はコンタクトをしなかった。
　　　　　　　　　　　　　　　　　　　　　　(状態継続を表すテイル形)
(3)　ジョンがテレビを[見ている / 見ていた]時ケートは本を読んでいた。
　　　　　　　　　　　　　　　　　　　　　　(動きの継続を表すテイル形)
(4)　[若い / 若かった]時は、よく山登りをした。(形容詞)
(5)　[学生だった / 学生の]時は、よく山登りをした。(名詞述語)

これは、従属節の述語が状態や動作の継続を表している時に限られます。例えば、(1)(2)(4)(5)の従属節では、それぞれ状態動詞、主体変化動詞のテイル形、形容詞述語、名詞述語が状態の継続を表しています。また、(3)の従属節では動態動詞のテイル形が動きの継続を表しています。こういう場合、従属節の述語には非過去形も過去形も可能です。(4)(5)が示すように、形容詞述語の場合は非過去形の方が自然です。また、名詞述語の場合も「学生の時」のように、「名詞の＋時」とする方が自然に聞こえます(☞ 状態動詞、動態動詞については第6.3節参照)。

しかし、(6)や(7)のように、主体や客体の変化を表す変化動詞の場合には、ル形とタ形では意味が変わってしまいますので注意が必要です。

(6)　日本に[行く / 行った]時に、CDを買った。(主体変化)
(7)　電気を[消す / 消した]時、電話がなった。(客体変化)

14.3 When / While の訳し方

14.3.1 トキとタラ

英語の "when/while" 節が過去を表している場合には、"when/while" をタ＋トキ、またはタラに和訳することができます。しかし、いつも交換が可能とは限りませんので、その使い分けを見ておきます。

タラの事実条件文は文末が必ず過去になります(☛ 事実条件文については第15章参照)。この用法では、後件(＝主節)の述語に規制があります。すなわち、後件述語の表す動作が、話し手に制御可能[+control]であってはいけません。この理由によって、(1)は適格ですが、(2)は不適格になります。

(1) When I opened the window I could see the ocean [lit. the ocean was visible to me].)
窓を開けタラ　海が見えた。(「見える」は話し手にとって[−control])

(2) When I opened the window I looked at the ocean.
＊窓を開けタラ　海を見た。(「見る」は話し手にとって[+control])
(正しい訳は「窓を開けた時に、海を見た」)

タ形＋トキの文は、その主節に使われている事態が話し手にとって制御不可能[−control]であれば、タラで言い換えることが可能です。(3)(4)では、動詞そのものが表す意味(待つ、出る)は制御可能ですが、他者の動作であるために、話し手にとって事態が[−control]の場合です。また、(5)は動詞(落ちる)が非意志動詞であるために、話し手にとって[−control]である例です。いずれの場合も、タラとタ形＋トキの言い換えが可能です。ただし、意味は少し違います。

(3) When I got home, I happened to find my friend waiting for me.
家に帰[ったトキ／ったタラ]、友達が待っていた。(動作―継続)

(4) When I rang the bell, someone came out.
ベルを押し[たトキ／タラ]、人が出てきた。(動作―動作)

(5) While I was sleeping in the bed, I fell off the bed.
ベッドで寝てい[たトキ／タラ]床に落ちた。(継続―動作)

14.3　When/While の訳し方

(3) – (5)のトキ節は、主節の出来事と同時に存在した出来事・状態を表しています。タラ節にすると、タラの後に継起的に、別の事態が起こる様子を表します。継起性の傾向は、(3)(4)のように、従属節の動詞が動作の完了を表している場合に顕著です。一方、(5)のように、タラ節の変化動詞が変化の継続を表しテイル場合は、同時または継起とする解釈の差はわずかと言えます。しかし、この場合も、「ベッドで寝ていたら」次に起こったことが「床に落ちた」ことであった、と考えれば、継起性をまだ残していると言えます。こうした場合には、トキを使うかタラを使うかは、同じ現象を同時(トキ)と捉えるか、継起的(タラ)と捉えるかという、話し手の選択になるものと考えられます。

14.3.2　時を表す名詞＋タラ

名指しできる「時」(春夏秋冬、月、日、曜日、朝、昼、夜など)の到来を「〜になった」と表したり、時間の経過を「(5分)した」、などと表すことがあります。これらの「〜になった」や「した/経った」にはタラは後接できますが、タ形＋トキは不可能です。しかし、よく見られる誤用ですので、注意が必要です。

(6) John will come back again <u>next summer</u> (=lit. when next summer comes).
来年の夏になっ[*たトキ / タラ]ジョンはまた来るでしょう。

(7) The temperature went down <u>at night</u> (=lit. when the night came).
夜になっ[*たトキ / タラ]気温が下がった。

(8) Please call me again <u>in 5 minutes</u> (=lit. when 5 minutes have passed).
あと五分し[*たトキ / タラ]もう一度電話してください。

これらは、「時の名前/時間ニナッタラ」、「あと[X年/Xヶ月/X時間]シタラ」などと成句にして指導するのが有効です。

第**14**章　副詞節

14.4　時間を表す ～ルマエ と ～タアト

英語を母語とする学習者にはよく次のような混乱が起こります。

(1)　　I took a bath before I ate dinner.
(2)　＊晩ご飯を食べた前に風呂に入りました。
　　　（正しくは「晩ご飯を食べる前に風呂に入りました。」）
(3)　　I will take a bath after I eat dinner.
(4)　＊晩ご飯を食べる後に風呂に入ります。
　　　（正しくは御飯を食べた後に風呂に入ります。）

しかし、これも 14.1 節で見た (5) – (8) にある従属節のテンスの考え方を当てはめることができます。例えば (1)（＝晩ご飯を食べる前に風呂に入りました）は (6) の図、(3)（＝晩ご飯を食べた後に風呂に入ります）は (7) の図に相当しますので確認してみてください。しかしこれらは、before 節の時は「～ルマエ」（常に非過去形）、after 節の時は「～タアト」（常に過去形）と形を先に指導しておいて、後で意味の説明をすることも可能です。

14.5　期間の アイダ と アイダニ

アイダは「ある状態が続いている間の全体」を、アイダニは「ある状態が続いている間の一部」を指します。どちらの場合も継続的事態が先行します。(1) の「晴れる」は継続を示しませんので不適格です。「晴れている」としなければなりません。

(1)　＊晴れる [間 / 間に] 出かけましょう。

アイダは、それに先行する事態が継続する間中ずっと並行して存在した継続事態を要求します。(2) の「テレビを消した」は、瞬間的な動作を表しているので不適格です。

(2) 子供が寝ている間、[*テレビを消した / テレビを消していた]。

アイダニは、先行する事態が継続している間に、部分的に存在した別の事態を表すのに使います。アイダニの後には(3)にある「洗濯をした」のような継続動詞でも、(4)の「見つけた」のような瞬間的な動作でもかまいません。

(3) 子供が寝ている[? 間 / 間に]洗濯をした。
(4) 子供が寝ている[*間 / 間に]本を見つけた。

(3)ではアイダを使うとやや違和感があります。「洗濯していた」とすれば、すわりがよくなります。(4)ではアイダニだけが可能です。

14.6　テ形による理由表現

形容詞と動詞のテ形が理由や因果関係を表すことがあります。下の例では、主節にある事態の原因や理由をイ / ナ形容詞や、動詞のテ形が表しています。

(1) 暑くて汗が出ました。(汗が出る原因)
(2) 思ったより元気で嬉しかったです。(感情表出の原因)
(3) ひどい風邪をひいて寝ていました。(寝ていた理由)
(4) 作家になりたくて上京したそうです。(行動の理由)
(5) 難しい試験に合格してほめられたんです。(評価の理由)

(1) – (5)は、それぞれ(6) – (10)のような質問に適した答えです。

(6) 遠足はどうでしたか。
(7) お父さんの具合はいかがでしたか。
(8) 昨日は来ませんでしたね。どうしたんですか。
(9) だいぶがんばっていたようですが、その後彼はどうしましたか。
(10) 何かいいことがあったんですか。

第14章 副詞節

上のような質問に対して、学習者はカラを使って、よく次のような答えをします。

(11) ?暑かったから汗が出ました。
(12) ?思ったより元気だったから嬉しかったです。
(13) ?ひどい風邪をひいたから寝ていました。
(14) ?作家になりたかったから上京したそうです。
(15) ?難しい試験に合格したからほめられたんです。

(11)–(15)は間違いではありませんが、(6)–(10)のような質問の答えとしては不自然です。例えば、(11)でカラを使うと、「汗が出る」原因(=暑かった)に焦点を置いた答えになってしまいます。ところが、質問は疑問語(どう)を使って「遠足」に関する全体的なコメントを求めています。この食い違いから、違和感が残るものと考えられます。(12)–(15)についても同様なことが言えます。カラの代わりにノデを使うと、やや許容性が高くなるものの、やはり多少の違和感が残ります。こういう場合には、(1)–(5)のように動詞や形容詞のテ形を使うと、不自然に焦点を作ることなく、全体的なコメントや、理由の説明を適切に返すことができます。

動詞や形容詞のテ形は、理由を間接的に伝えたい時にも便利です。間接的な理由の表現は、相手に対する丁寧さにつながります。ですから、下のように相手の好意を辞退しなければならないような場面ではよく使われます。

(16) 映画に行こうよ。
(17) 今日は[ちょっと用事があって/お金がなくて…]。

(17)は(16)に対する答えです。結果の部分(=行けない)は、聞き手にとって明らかですから省略されています。(17)は、動詞や形容詞のテ形が、理由を表す明示的な形式(ノデ/カラなど)を使うことなく、言いにくい理由を間接的かつ、明確に伝えることができることを示しています。しかし、学習者は、しばしば(18)のように最後まで言ってしまう傾向があります。このような文脈では、否定的な述語の省略のほうが適切であることを指導する必要があります。

(18) 今日は[ちょっと用事があって / お金がなくて]行けません。

14.7 主観的カラ と 客観的ノデ

14.7.1 カラとノデの使い分け

カラとノデは、どちらも主節と従属節にある事態間の因果関係を表します。カラはやや主観的、ノデは客観的な印象があります。

(1) 西の空が明るくなってきた[から / ので]きっと晴れますよ。
(2) お中元の時期[だから / なので]どの店も忙しいです。

カラの主観性は許可を求めるような文脈でしばしば明確になります。

(3) すみませんが、ちょっと用事があります[から / ので]今日はお先に失礼したいと思います。

一般にカラよりもノデの方が丁寧な場面向きと言えます。上の例は(1)と(2)が事実を述べる文、(3)は希望を表出する文です。この他にいわゆる働きかけの文があります。従来、働きかけの文にはノデは使えないとされています。すなわち、命令、勧誘、依頼などにはカラだけを使い、ノデは使えないということです。しかし、下の例は丁寧な文の中であればノデも使えることを示しています。

(4) 時間がない[から / *ので]急げ。(命令)
(5) 時間がございません[から / ので]お急ぎください。
(6) みんな来る[から / *ので]いっしょにどう？(勧誘)
(7) 皆さんいらっしゃいます[から / ので]ご一緒にいかがですか？
(8) 危ない[から / *ので]白線の内側で待ってて。(依頼)
(9) 危ないです[から / ので]白線の内側でお待ちください。

上の例はカラ節だけでなくノデ節も、主節にある働きかけの根拠を表すことを示しています。

カラは聞き手に対して直接的な理由の表出となることが多く、普通体の表現とよく調和します。これに対して、ノデは主観を控えた理由の表出に使われることが多く、丁寧な文体になじむ表現と考えられます。普通体の文で働きかけの動機や判断の根拠を表す時には、カラの方がノデより制約が少なく使いやすいと言えます。しかし、丁寧さが必要な文脈では、ノデを使うほうが無難でしょう。以下に学習者の間で誤用の多いものをまとめておきます。

14.7.2　カラを使うべきではない場合

A.　話し手の主観的な理由で相手に労力を依頼する場合はカラを使わない。

(10)　？K大学を受験したいから推薦文を書いていただきたいんですが…。
(11)　K大学を受験したいので、推薦文を書いていただきたいんですが…。

(10)は、自分の主観的理由を根拠に相手に動機づけを強要することになるため、不適切と考えられます。一方、(11)のように理由提示が控えめなノデを使うと、相手の自由意志を尊重する態度を示すことができます。文末は「いただきたいんですが(可能でしょうか)」などと丁寧に許可を求める形にするのが望ましいと言えます。

B.　許可を求める文にはカラを使わない。

許可を求める文では、下の例のように少なくともノデを使うか、ンデスケドでつなぐのが適切と考えられます。

(12)　頭が痛い[？から/ので]帰ってもいいでしょうか。
(13)　頭が痛いんですけど、帰ってもいいでしょうか。
(14)　用意ができました[？から/ので]始めてもいいでしょうか。
(15)　用意ができたんですけど、始めてもいいでしょうか。

14.7.3　カラ／ノデによる理由付けと断言を避ける

話し手に判断する権利がない時にカラ／デで理由付けをして、文末で断言するのは不適切と考えられます。これは本質的にカラ／デの問題ではなく、カラ／デを一切使うべきでない場合と言えますが、学習者の発話には(16)のような誤用がよく見られますので注意が必要です。

(16)？先生、来週バスケットの試合があります［から／ので］金曜日の授業に来ません。
(17)　先生、来週バスケットの試合があるんですけど、金曜日の授業を休んでもいいでしょうか。

(16)では「授業に来なくてもいいかどうかは教師の判断の範囲」と考えられますので、その判断を待たずに学生が判断するのは、たとえ正当な理由があったとしても表現としては不適切になります。(17)のように「～んですけど」などでつないで、文末は許可を求める形にするのが適切と考えられます。

14.8　目的・理由を表すタメ(ニ)

タメニは(1)(2)のように名詞の利益を表しますが、(3)(4)のように目的を表す節にもなります。

(1)　名詞＋ノタメ(ニ) ＝ 名詞の利益
(2)　みんなのためにがんばらなくてはならない。
(3)　節(意志動詞)＋タメ(ニ) ＝ 目的
(4)　アメリカに行くためにお金をためた。

目的を表す形式は常に意志を表すル形になります。また、主節と従属節の主体は同一です。(5)のように主体が異なる場合にはタメ(ニ)は不適格で、(6)のようにヨウニを使わなくてはなりません。

(5)　＊ぼくがアメリカに行くために母がお金をためた。
(6)　ぼくがアメリカにいけるように母がお金をためた。

第14章 副詞節

タメ(ニ)はその前に名詞または述語の過去形が来て理由を表すことがあります。

- (7) 大雨が降ったため道路が封鎖されています。
  (＝大雨のため道路が封鎖されています。)
- (8) ジョンが使い込みをしたために会社が負債をかかえてしまった。
- (9) 年齢が若かったために彼女はオリンピックに出場できなかった。

目的を表すタメ(ニ)と違って理由のタメ(ニ)は主体同一の制限はありません。

14.9 指導上のポイント

この章では時間、原因・理由などを表す副詞節を中心に見ました。

まず、従属節のテンスは、タ形の時にはその節の出来事が主節の出来事よりも前に起こり、ル形の時には主節の出来事よりも後に起こるという規則を観察しました。これは発話時点も含めて図に描くと単純です。しかし、英語を母語とする話し手にとっては二重に難解です。一つは英語では時制の一致が厳格なために過去時制と現在時制が共起することがあまりないこと、もう一つは日本語の「従属節＋主節」が英語では「主節＋従属節」の順に並ぶこともあり得るために紛らわしいことがあげられます。従属節の説明には一つ例文を決めて何度も使うことで、学習者に理解の足がかりを与えることができます。また14.1節で表したような時間軸を使って宿題を出し、主節と従属節の出来事の時間差などを理解させる練習をするのも有効です。

理由を表すカラ／ノデは、文法的な間違いよりも語用論的な間違いが多く見られます。つまり、状況に応じて適切に使えるかどうかが大きな問題になります。ノデは客観的でやや丁寧な言い方ですが、カラはやや口語的で主観的ニュアンスということが頭でわかっていても、実際の運用となるとなかなかできません。問題になる状況を明確に作って練習することが大切です。とりわけ、自己弁護や許可を求める際の理由を表すのに、カラが不向きであることを理解させる必要があります。また、因果関係を表すテ形が間接的な理由を表すことを見ましたが、これは形式は簡単ですが、実際に使えるようになるまではかなりの練習が必要です。

第14章 まとめ

14.1 従属節のテンス
- 非過去形なら出来事の順が　主節→従属節
- 過去形なら出来事の順が　従属節→主節

14.2 状態・動作の継続を表す述語と従属節
- テンスがル形でもタ形でも同じ
  「スカートを[はいている / はいていた]時はやせて見えた」

14.3 When/While の訳し方
- タ形＋トキは主節の事態が話し手にとって制御不可能ならタラと交換可
- 時を表す名詞(春、1月など)の到来にはタラのみ
  「春になっ[*たトキ(ニ) / タラ]遊びに行きます」

14.4 時間を表す～ルマエと～タアト
- ～ルマエ「行く前に食べた」(主節→従属節)
- ～タアト「食べた後に行く」(従属節→主節)

14.5 期間を表すアイダとアイダニ
- アイダ＋非継続動詞は不可
  「*晴れる[間 / 間に]出かけましょう」

14.6 テ形による理由表現
- 特に理由を求められていない場面で、理由を添えたい場合にテ形を使う
  A「遠足はどうでしたか」 B「暑くて、大変でした」
- 判断、意志、働きかけなどには使えない
  「明日は[*忙しくて / 忙しいので]家にいるつもりです」(意志)

14.7 主観的カラと客観的ノデ
- ノデのほうが丁寧
- 許可や依頼を求める文ではノデもカラ使わない、断言にしない

14.8 目的・理由を表すタメ(二)

- 意志動詞＋タメニ＝目的、主語同一規則
  「アメリカに行くために金をためた」
- タ形述語＋タメニ＝理由、主語同一規則はない
  「雨が降ったために道路がぬれた」

14.9 指導上のポイント

- 従属節のテンスは時間軸を使って概念を理解させる
- 理由節は適切な運用場面を明確に提示する

第15章 条件表現(1)事実条件文

この章の要点

- 15.1 条件文の種類
- 15.2 タラとトの事実条件文
- 15.3 タラとトの後件は過去の「述べ立て文」
- 15.4 タラとトの後件の主語人称
- 15.5 タラとトの後件述語の非制御性
- 15.6 タラとトの使い分け
- 15.7 指導上のポイント

15.1 条件文の種類

　日本語の条件文にはタラ、ト、バ、ナラの四つの形式があります。これらは文脈によって、英語の when や if と訳されます。条件表現は事実を表す文と仮定を表す文の二つに大きく分類されます。事実を表す文とは、(1)のように主節の述語(酔ってしまった)が過去に実現した事態を指し、モダリティ表現がなければ文末は必ず過去形になります。

　(1)　そのお酒を [飲んだら / 飲むと] すぐ酔ってしまった。
　　　(= Shortly after having that sake, I became drunk.)

　これに対して仮定を表す文とは、(2)のように前件(たくさん飲むと / 飲んだら)が実現したものと想定した場合におこる事態を、後件(酔ってしまいますよ)で述べるものです。

　(2)　そんなにたくさん [飲むと / 飲んだら] 酔ってしまいますよ。
　　　(= You'll get drunk if you have that much [sake].)

第15章 条件表現(1) 事実条件文

　仮定を表す文では、一般に前件も後件も実現していないのが特徴です。条件文の用語は、研究者によってやや名称が違いますので整理しておきます。本書では、(1)のように過去の事実を示す条件文を事実条件文(factual conditionals)、(2)のように仮定を表す条件文を仮定条件文(hypothetical conditionals)とよびます。しかし、仮定条件文の中には、純粋な仮定条件と言えるかどうか、判断が難しいものもあります。例えば、(3)と(4)は全く同じように和訳することが可能です。

(3)　(I'm not sure if John comes, but) <u>if John comes</u>, please give this book to him.
　　（来るかどうかわからないが）<u>ジョンが来たら</u>、この本を渡してください。

(4)　(John is coming in 30 minutes.) <u>When John comes</u>, please give this book to him.（ジョンが30分以内に来る。）<u>ジョンが来たら</u>、この本を渡してください。

　(3)のように、ジョンが来るかどうかわからない時には、問題なく仮定条件文です。従属節に使われている"if"が、この事実を裏付けています。しかし、(4)のようにジョンが来ることが確定している場合には、従属節には"when"が使われており、(4)を純粋の仮定条件文とよぶには、抵抗があります。さらに、(5)–(7)では、従属節の内容が現実化することは確実です。

(5)　<u>When spring comes</u>, flowers bloom in this area, and it is beautiful.
　　（<u>春になると</u>、この辺は花が咲いてきれいです。）
(6)　Tomorrow [lit. <u>when tomorrow comes</u>], we will know the truth.
　　（<u>明日</u>になれば、真相がわかります。）
(7)　On Sunday [lit. <u>when Sunday comes</u>] make a phone call and ask.
　　（<u>日曜日</u>になったら、電話して聞きなさい。）

　本書では、(3)をいわゆる仮定条件文とよび、(4)–(7)は擬似仮定条件文とよびます。後者の特徴は、従属節に表された内容の現実化が確定しているか、あるいは確実であることです。内容現実化の確定は(4)のように、文脈で決ま

ります。また、内容現実化の確実性は、「時」に関する自然の必然や、数学的必然（例：3に2を足すと5になる）を示す表現が、従属節にあることからわかります（☞ 時を表す名詞については第14.3節も参照）。

　最後に、仮定条件文の中には(8)(9)のように、前件も後件も事実に反すること（反事実）を表す文があります。このような文を反事実の仮定条件文（counter-factual conditionals）とよびます。

(8)　車があれば今日行けるのに。
(9)　車で行っていたら飛行機に間に合っていただろう。

(8)の事実は「車がないし、今日行けない」ことを示します。同様に(9)の事実は「車で行かなかったから、飛行機に間に合わなかった」となります。ここまでの用語をまとめると(10)のようになります。仮定条件文は(10)[B]のように三つに区別できます。この中で真正仮定条件文とは他の二つと区別するために使った用語で、区別の必要がない時は単に仮定条件文とよぶことにします。

(10)　タラ、ナラ、ト、バによる条件表現の種類
　　　[A] 事実条件文（factual conditionals）
　　　[B] 仮定条件文（hypothetical conditionals）
　　　　- （真正）仮定条件文（[authentic] hypothetical conditionals）
　　　　- 擬似仮定条件文（pseudo-hypothetical conditionals）
　　　　- 反事実仮定条件文（counter-factual hypothetical conditionals）

　この章では、[A]の事実条件文を、次章で仮定条件文と反事実仮定条件文を見ます。擬似条件文の文法的なふるまいは、仮定条件文と同じですので、これ以降の観察では、仮定条件文と区別して取り上げることはありません。どちらであるかは、先述した手がかりに基いて判断することになります。また、タラ、ト、ナラ、バの四形式はどれも仮定条件文に使われますが、事実条件文に使われるのはタラとトだけです。

15.2 タラとトの事実条件文

15.2.1 基本的な意味と形

タラとトの事実条件文は、話し手が過去に発見した体験を述べる文です。基本的にはどちらも同じ意味ですが、タラはやや臨場感のある話し言葉的で、トは内省的・物語的と言えます。どちらも過去の文ですから、(1)が示すように文末は常に過去形になります。また、事実条件文のタラとトは英語では常に"when"と訳されます。[1]

(1) 窓を [開けタラ / 開けるト] 海が見えた。
(I happened to see the ocean when I opened the window.)

事実条件文では、タラ／トの前には動詞がきます。タラの前には過去形を接続させてから、ダブったタを取ります(行く→行った＋タラ→行ッタラ)。またトの前は、時制に関わらずいつも非過去形(行く＋ト→行くト)がきます。(2)(3)はタラ／トの前に名詞述語や形容詞述語がありますが、これらはこの章では扱いません。

(2) 学生 [だっタラ / だト] 安く買えた。
(3) 元気 [だっタラ / だト] 外に飲みに行った。

(2)は、タラもトも過去の反事実と取ることができます。このことは、文末に「のに」や「のですが」を添えればいっそうはっきりします。また、トの場合「学生だと安く買えた」は、繰り返し起きた過去の事実の意味にもなります。(3)についても同様に、上の二つのことが言えます。本章では上のような例は扱いません。

本書でいう事実条件文とは、タラ／トの前に動詞が来て、過去に一回だけ起きた事実を描写する文のことです。この制約は前件述語に関するもので、後件(＝主節)の述語については特に制限はありません。(4)–(7)は、後件(主節)の述語がそれぞれ動詞、動詞テイル、イ／ナ形容詞の過去形の例を示してい

---

[1] "when"がいつもタラ／トになるとは限りません(☛第14章14.3節参照)。

ます。

(4) 部屋に[いタラ／いるト]ジョンが遊びに来た。
(5) テレビを[つけタラ／つけるト]どのチャンネルでも事件を報道していた。
(6) 持ち[上げタラ／上げるト]その箱は重かった。
(7) 見舞いに[行ッタラ／行くト]父は思ったより元気だった。

15.2.2 経験の主体

タラ／トの事実条件文における経験の主体は、いつも話し手(または第一人称)とわかっています。ですから、主体(＝私)を表す必要はありませんので表面には出てこないのが普通です。主体が話し手でない時にはそれを知らせる標識が必要です。

(8) 電車に(乗ったら／乗ると)部長が座っていた。
(9) ジョンが電車に(？乗ったら／？乗ると)部長が座っていた。
(10) ジョンが電車に(乗ったら／乗ると)部長が座っていたそうだ。

(8)は話し手の経験です。(9)はジョンの経験ですが、それを知らせる標識がありませんので不自然です。(10)のように何らかのモダリティ表現(ここでは伝聞のソウダ)を添えれば問題ありません。また、タラ／ト事実条件の前件と後件で述べる事態は、話し手が同一の場所で体験できるものでなくてはなりません(同一場面の原則)。

(11) 屋上でジョンがコーヒーを[*飲んでいたら／*飲んでいると]、三階の会議室でビルがテレビを見ていた。

話し手は(11)のような状況を同一場面で体験することはできませんので、このような文は不適格となります。

15.3　タラとトの後件は過去の「述べ立て文」

　事実条件文のタラとトでは、後件に過去の述べ立て文が来ます。述べ立て文には、判断文と現象描写文とがあります(仁田1991)。(1)は判断文、そして(2)は(1)を過去の文にしてタラ/トの後件に使った例です。

　(1)　　山田は学生だ。(述べ立て‐判断文)
　(2)　　電話で[問い合わせたら/問い合わせると]山田は学生だった。

　現象描写文はタラとトの理解には必須ですので、詳しく見ておきます。
　仁田(1991：122-125)によると典型的な現象描写文は話し手が現前の状況をそのまま伝える文で、文全体が新しい情報を表します。

　(3)　　風が吹いている。
　(4)　　川がおだやかに流れている。
　(5)　　机の上に本がある。
　(6)　　山田が来た。

　(3)‐(6)の現象描写文は、全て話し手による外界の出来事の描写で、話し手が発話の時点で新しい情報を伝えようとする文です。名詞句が新情報に後続しやすいガで表示されていることからも、それが確認できます。また、(3)‐(6)のガ格は全て三人称の主語を表しています(しかし、現象を経験している主体は話し手です)。
　外界の現象は話し手の感覚を通して入ってきますので、それを描写するのに「見える」「聞こえる」などの知覚動詞もよく使われます。(7)(8)ではガ格が状態の対象を表しています。ここでも経験の主体は話し手です。

　(7)　　海が見える。
　(8)　　太鼓の音が聞こえる。

　(9)(10)はそれぞれ、(7)と(8)を過去の文にして「タラ/ト」の後に使った例です。

(9)　山の頂上に［登ったら / 登ると］海が見えた。
(10)　窓を［開けたら / 開けると］太鼓の音が聞こえた。

15.4　タラとトの後件の主語人称

　現象描写文は外界の出来事を描きますから前節の(3)–(6)のような三人称の主語や、(7)(8)のような三人称の名詞句が描写の対象になることは自然なことです。逆に、一人称や二人称の主語が眼前現象描写文の主語になることはありません。(1)は泳いでいる自分を話し手自身が観察・描写するという、実際には実行しがたい文になっています。また、(2)は目の前にいる聞き手を描写したものです。いずれも大変不自然です。ビデオを見ての発言など、特殊な状況以外では考えられません。

(1)　*あ、ぼくが泳いでいる。
(2)　*あれ、君がすしを食べている。

　(3)(4)は、(1)(2)を過去の文にしてタラ/トの事実条件文の後件に用いた例です。これらは、過去の文にすれば、二人称主語の現象描写は外界の出来事になり得ますが、一人称主語の場合にはなり得ないことを示しています。

(3)　*プールに［いたら / いると］ぼくが泳いでいた。
(4)　ロビーに［行ったら / 行くと］君がすしを食べていた。

　(5)のように、物語の中では一人称主語の描写も例外的に可能です。これは話し手がいわば文の作者として過去の自分を三人称扱いして、描写している状態と考えられます。タラは基本的には話し言葉向きですので、下のような物語文ではしばしば不適格になります。(5)は使われている後件述語も例外的です。これについては次節で詳しく見ます。

(5)　浴衣に［*着替えたら / 着替えると］ぼくは一人で酒を飲み始めた。

第**15**章　条件表現(1)　事実条件文

15.5　タラとトの後件述語の非制御性

　タラ／トの後件には、経験の主体(＝通常は話し手)が制御不可能[−control]な述語が来ます。(1)(2)の後件述語はそれぞれ動詞「買う」「見る」で、これらは経験の主体が制御可能[+control]ですので不適格となります。一方(3)(4)のように経験の主体が制御不可能な動詞にすると問題ありません。

(1)　*本屋に[行ったら／行くと]ボールペンを買った。
(2)　*窓を[開けたら／開けると]海を見た。
(3)　本屋に[行ったら／行くと]探していたボールペンがあった。
(4)　窓を[開けたら／開けると]海が見えた。

　(5)−(7)のような名詞述語、形容詞述語なども経験の主体にとって制御不可能と考えられますので問題なく後件に用いることができます。

(5)　よく[調べたら／調べると]会場は3階の会議室だった。
(6)　気乗りはしなかったが[食べたら／食べると]おいしかった。
(7)　見舞いに[行ったら／行くと]父は元気そうだった。

　前節(5)の「飲み始める」は経験の主体が制御可能な動詞です。これは、書き手と経験の主体(＝三人称扱い)を別個の存在と考えれば解決します。つまり、この文の書き手にとって、第三者の行為である「飲み始める」は制御不可能と言えます。こうした例外は(5)のように物語と考えられるような文の中だけで可能になります。

15.6　タラとトの使い分け

　タラ／トの基本的な意味は同じですが、タラは話し言葉的、トは書き言葉的、物語的と言えます。タラは臨場感を含めた体験を話すのに適しています。一方、トは発見した事を後になって記録として語るのに適しています。従って、(1)のような日常の会話ではトのすわりが悪くタラが使われます。

(1)　　先生：週末は何か変わったことがありましたか？
　　　　学生：ええ、テレビを［見ていたら／？見ていると］偶然、友達が
　　　　　　　出てきました。

しかし、(2)のように同じ文を作文の中で書いたものと考えるとトの許容性が高くなります。

(2)　　(作文で)昨日、テレビを［見ていたら／見ていると］偶然、友達が
　　　　出てきました。

(3)–(6)は書き言葉としてはすわりの悪いタラが、話し言葉的にすると問題がないことを示しています。

(3)　　主役が［？出てきたら／出てくると］みんな総立ちになって拍手した。
(4)　　主役が出てきたら、もう、みんな総立ちになって拍手してた。
(5)　　花火が［？上がったら／上がると］観客がどっとどよめいた。
(6)　　花火が上がったら、みんな「オー」ってどよめいてた。

上の例では(4)や(6)のように「拍手してた」「どよめいてた」などとテイル形を使っていることも臨場感を高める原因になっていると思われます。

一方、物語でタラを使うと、場違いに感じることもあります。次の例ではタラを使うと、トの持つ内省的重厚感を失ってしまい、有名な小説の書き出しとしては軽すぎる感じになってしまうでしょう。

(7)　　国境の長いトンネルを［？抜けたら／抜けると］雪国であった。

15.7　指導上のポイント

日本語の条件文はかなり複雑ですので、目につきやすい特徴を捉えて整理することが大事です。その一つとして、まず、(主節の)文末が過去になる事実条件文と、非過去になっている仮定条件文とを区別することは有効です。また、

第15章 条件表現(1) 事実条件文

事実条件文があるのはトとタラだけであることもよく確認します。
　事実条件文ではタラは発見の表現で話し言葉的、またトは物語文的(＝発見・体験の記録)、書き言葉的ということが言えます。発見のタラでは後件に経験の主体(＝通常は話し手)の意志を表すような述語を使うことはできません(例：*私は食堂に行ったら、まずごはんを食べた)。ところが物語文に適したト条件では後件に有意志の動詞を使うことができます。物語では自分の行為を第三者の立場から発見し、観察するような態度で表現できるからです(例：私は食堂に行くと、まずごはんを食べた)。

第15章 まとめ

15.1 条件文の種類
- 事実条件文はタラとトだけ（文末は過去形）
- 仮定条件文はト、バ、タラ、ナラ全てにある
- 仮定条件文 「車があれば、明日買い物に行きたい」
- 反事実仮定条件文 「車があれば行けるのに」

15.2 タラとトの事実条件文
- 基本的な意味
  – 経験の主体（＝通常は話し手）が過去の１回だけの体験を述べる
- 経験の主体が話し手でない時には標識が必要
  「ジョンが電車に [乗ったら / 乗ると] 部長がすわっていたそうだ」
- 場面同一制限がある
- 文末は過去、タラ / トは常に when と英訳する

15.3 タラとトの後件は過去の「述べ立て文」
- 後件に過去の現象や判断の文がくる
- 後件の主語は一人称にならない（物語文では例外）

15.4 タラとトの後件の主語人称
- 三人称の主語が多い（発見や観察の主体は話し手）

15.5 タラとトの後件述語の非制御性
- 後件述語は経験の主体（＝通常は話し手）が制御できないもの
  「*窓を [開けタラ / 開けるト] 海を見た」（見るは [+ control]）
  「窓を [開けタラ / 開けるト] 海が見えた」（見えるは [-control]）
- 物語文は例外で [+ control] も可能

15.6 タラとトの使い分け
- タラは話し言葉的、トは書き言葉的
  「先生、昨日テレビを見て [いタラ / ?いるト] 友達が出て来たんですよ」
  「昨日テレビを見て [いタラ / いるト] 友達が出て来ました」（作文）

15.7 指導上のポイント

- 文末が過去になる事実条件文と非過去になっている仮定条件文とを区別する
- 事実条件文があるのはタラとトだけ
- タラは話し言葉的、トは物語文的、書き言葉的

第16章 条件表現(2) 仮定条件文

> **この章の要点**
> 16.1 四形式を使い分けるための要点
> 16.2 四形式の使い分け
> 16.3 反事実仮定条件文
> 16.4 指導上のポイント

16.1 四形式を使い分けるための要点

　前章の冒頭で述べたようにタラ、ト、バ、ナラは仮定条件文で使われます。前田(1995)、及びソルヴァン・前田(2005)は四形式の用法を詳細に研究・報告しています。それらをまとめると、四形式を使い分けるための要点は下の四項目になります。

(1)　四形式を使い分けるための要点
　　　A：主節末のモダリティ
　　　B：働きかけのモダリティによる制約
　　　C：表出のモダリティによる制約
　　　D：前件と後件の時間的前後関係

以下にこれらを順に見ていきます。

16.1.1　主節末のモダリティ

　第7章でもその一部を扱っていますが、モダリティとは発話そのものや聞き手に対する話し手自身の態度を表す文法表現です。
　ソルヴァン・前田(2005)は、仁田(1991)に基いて仮定条件文の主節末に表れるモダリティを次のように分類しています。

第16章　条件表現(2) 仮定条件文

(2)　述べ立て(現象描写文、判断文)
(3)　表出(意志、希望、許容)
(4)　働きかけ(命令、忠告、依頼、義務、許可、勧誘、願望、禁止)

(5)から(17)に例をあげておきます。

＜述べ立て＞
(5)　雨が<u>降っている</u>。(現象描写文)
(6)　山田は<u>学生だ</u>。(判断文)

＜表出＞動作主が一人称
(7)　明日から学校へ<u>行こう</u>。(意志)
(8)　学校へ<u>行きたい</u>。(希望)
(9)　これ、君に<u>あげてもいいよ</u>。(許容)

＜働きかけ＞動作主が二人称、勧誘では一人称＋二人称
(10)　これを<u>見なさい</u>。(命令)
(11)　早く<u>寝た方がいい</u>。(忠告)
(12)　これを<u>着てください</u>。(依頼)
(13)　君も<u>行くべきだ</u>。(義務)
(14)　もう<u>帰ってもいいです</u>。(許可)
(15)　散歩に<u>行きましょうか</u>。(勧誘)
(16)　早く<u>帰ってきて欲しい。</u>(願望)(仁田1991では表出)
(17)　そこへ<u>行ってはいけません</u>。(禁止)

　これらのモダリティが単独で、あるいは他の要因と絡み合って、仮定条件文の文法性に制約を加えています。具体的には、主節末のモダリティが「述べ立て」であれば、どの形式でも使うことができますが、モダリティが「働きかけ」や「表出」の時には制約があります。

16.1.2　働きかけのモダリティによる制約

　主節が、働きかけのモダリティの時に現れることができる条件形式は、原則としてタラとナラだけです。バは条件付で現れることができます。トは現れることができません。(18) – (20) の例で確認してください。(18)のタラとナラでは文の意味が違いますが、これは後述します（☞ 16.1.4節参照）。

　(18)　東京に［来たら / 来るなら］連絡してください。（働きかけ：依頼）
　(19)＊東京に来れば連絡してください。
　(20)＊東京に来ると連絡してください。

　バの場合には、条件付で働きかけのモダリティと共起できるケースが二つあります。まず、(21)が示すように、バ節に状態述語が使われていれば、主節のモダリティの制限を受けません。

　(21)　安ければ買いなさい。

　状態述語とは形容詞、名詞述語、状態動詞のことです。[1]　(21)では前件（＝バ節）に状態述語である形容詞の「安い」が使われています。従って、後件に「買いなさい」という働きかけが来ても適格となります。二つ目のケースは、バ節に動態動詞が使われている場合です。(22)の前件にある述語（食べる）は状態述語ではなくて、動態の動詞述語です。このように動態動詞であっても、働きかけが「許可」を示す場合にはバが適格になります。

　(22)　ごはんを全部食べれば、遊びに行ってもいいわよ。
　　　　（働きかけ：許可）

16.1.3　表出のモダリティによる制約

　後件のモダリティが表出である時は、トが現れることはできません。またバ節は、その述語が状態性の時には、前述したようにモダリティの制約を受けませんが、動態述語の場合には、前件と後件の主語が同一であってはならない、

---

[1] 名詞述語の場合には「学生であれば、安くしてあげなさい」のように「名詞＋デアル」にバが後接した形になります。

という制約があります。これを同一主体不可の制約とよんでおきます。例文を見ながらこの制約を確認します。(23)–(29)はどれも前件述語が動態動詞で、後件述語が表出(希望または意志)を示しています。

(23)＊会社が早く終わると、今日は飲んで帰るつもりです。
(24)　お酒を飲めば、タバコも[＊吸いたい/＊吸うつもり]です。
(25)　会社が早く終われば、飲んで[帰りたい/帰るつもり]です。
(26)　あんな奴でも来れば、助けて[やりたい/やるつもり]です。
(27)　ジョンがお酒を飲めば、私も[？飲みたい/飲むつもり]です。
(28)　卒業したら、アメリカに[行きたい/行くつもり]です。
(29)　アメリカに行くなら、ニューヨークに[行きたい/行きます]。

表出のモダリティは、トを許しませんので(23)は不適格です。また、(24)は主体(＝話し手)が同一であるために不適格です。しかし、(25)(26)は、前件の主体(＝会社、あんな奴)と後件の主体(＝話し手)が違いますので、適格とされます。一方(27)も、(25)(26)と同様に前件と後件の主体は違っており、主体同一不可の制限には抵触していません。しかし、同じ表出でも希望の表出(＝飲みたい)は不自然です。表出モダリティの場合、意志よりも希望の方が状態性を厳格に要求するようです。タラとナラには、主体や述語の種類に制限はありませんので、(28)(29)は全く問題ありません。

16.1.4　前件と後件の時間的前後関係

時間的前後関係はタラとナラの使い方でよく問題になります。

(30)　東京に[来たら/来るなら]連絡してください。
(31)　卒業[したら/＊するなら]貿易会社に就職します。
(32)　大学に[行くなら/＊行ったら]アメリカの大学がいいな。

(30)は「来たら」なら明確に「来てから」の意味になり、「来るなら」であれば、特に時間の前後関係は問題にしていません。ナラが、前件と後件の時間的前後関係を表さない形式であることはよく知られています。

(31)では、卒業→就職という時間的前後を表す必要があり、タラにはそれができます。ところがナラにはできませんので不適格となります。一方、(32)のナラは主題のハと同じように話題を示す働きをしています。ここでの話題は「(将来に行く)大学」です。そして、それなら「アメリカの大学がいい」という構造になっています。ここでは「アメリカに行ったら」にすると「アメリカに行ってから」という、時間の前後関係が明確になるため、それ以降の意味(「アメリカの大学がいいな」)とうまくかみ合いません。

16.2　四形式の使い分け

ここまで見てきた理解のポイントを下の表にまとめておきます。これは前田(1995)やソルヴァン・前田(2005：31)を参考にまとめたものです。

(1)　タラ、バ、ト、ナラの使い分け

主節末	ト	動態述語＋バ	状態述語＋バ、タラ、ナラ
述べたて	○	○	○
表出	×	△	○
働きかけ	×	×(p＝○)	○

・△　「前件と後件が同一主体でなければ可」

・p＝○「働きかけでも「許可」(permission)だけは可」

(1)の表は、主節のモダリティや動詞のアスペクト的意味、主語人称などによって、各形式がどのように使い分けられるかを示しています。左端が主節末モダリティで、条件形式は上段の左から右に「ト」「動態述語＋バ」「状態述語＋バ、ナラ、タラ」と三つのグループに分かれて並んでいます。例えばこの表は、主節末が述べ立てのモダリティの時には、全ての条件形式が使用可能であることを示しています。また、表出のモダリティの時にはトは不可です。「動態述語＋バ」は、同一主体でなければ、意志表出のモダリティと共起が可能であること(△)、さらに、「許可」だけという条件付でなら、働きかけとの共起も可能であることを示しています。三つ目のグループには主節末のモダリティによる規制はありません。

第16章 条件表現(2) 仮定条件文

各モダリティの下位分類と表現形式は例文と共に16.1.1節に示してありますので、繰り返しません。以下では各条件形式の特徴を見ておきます。

16.2.1 恒常性・必然性を表すト

トは恒常的・必然的に起こる出来事を表します。前件の出来事が起こると後件の出来事が頻繁に、或いは必ず起こるということです。ですから、法則、自然現象、手順、道順などに関して、必然的な結果に至る条件を表すのによく使われます。

(2) 10を2で割ると 5になります。
(3) この辺では春になると 毎年、桜の花が咲きます。
(4) このボタンを押すと スイッチが入ります。
(5) まっすぐ行くと 右側に駅があります。

トは後件述語が表出や働きかけの時には使うことができません。従って、下のようなトの仮定条件文はあり得ないことになります。

(6) (私は)あなたが来ると [*会うつもりです/*会いたいです/*会ってもいいです]。 (後件が表出：意志、希望、許容)
(7) (あなたは)朝起きると 必ず[*体操しなさい/*体操しましょう]。 (後件が働きかけ：命令、勧誘)
(8) 山田さんが来ると たいてい二階の部屋に[*泊めてください/*泊めてもいいです/*泊めてほしい]。 (後件が働きかけ：依頼、許可、願望)

しかし、後件述語が下の例のように述べ立てである時は問題がありません。

(9) (私は)あなたが来ると いつもうれしい。
(10) (あなたは)朝起きると 必ず体操をするそうですね。
(11) 山田さんが来ると たいてい二階の部屋に泊まります。

トはまた警告を表すことがあります。これも、前件の出来事が必然的に後件の出来事に至ることを表す条件表現と言えます。しかし、(12)を意志表示と考えれば、一般に意志（＝表出）を表さないトの例外的用法ということになります。

(12) 動くと　撃つぞ。

16.2.2　必要最低条件を表すバ

(13)(14)は、後件述語に述べ立てのモダリティ（判断）をもつバ条件文です。このような文では、後件が示す判断を正当化するのに最低限必要であると話し手が考えた条件を前件で表します。

＜述べ立て＞
(13) これができれば　今日の仕事は終わりです。（判断文）
(14) この薬があれば　もう大丈夫です。（判断文）

(15)では後件述語のモダリティは表出です。ここでは、後件の意志・希望・許容などの表出を正当化するのに最低限必要であると話し手が考えた条件を、前件で聞き手に伝えています。

＜表出＞
(15) 安ければ　その家を［買うつもりです / 買いたいです / 買ってもいいです］（意志 / 希望 / 許容）

(16)–(20)は後件述語のモダリティが働きかけの例です。

＜働きかけ＞
(16) 宿題が<u>できれば</u>　遊びに行ってもいいよ。（許可）
(17) もし午前中にその書類が<u>見つかれば</u>　連絡してください。（依頼）
(18) 要るものが<u>あれば</u>　知らせなさい。（命令）
(19) 午前中に電話番号が<u>わかれば</u>　連絡してもらいたい。（願望）
(20) 宿題が<u>終わらなければ</u>　遊びに行ってはいけません。（禁止）

第16章 条件表現(2) 仮定条件文

　ここでは、後件の動作を起こすのに最低限必要であると話し手が考える条件を動作主である聞き手に伝えています。例えば、(16)では「宿題ができること」は聞き手が「遊びに行く」のに最低限必要な条件であることを伝えています。伝え方として、ここでは許可のモダリティを使っています。(20)のように前件が否定の場合には、「遊びに行く」ために必要最低限の条件が満たされていないことを示します。

　上のようにバの条件文は後件事態の実現に必要な最低条件を示しますので、望ましい現実の実現可能性を話すのによく使われます。

　(21)　この薬を飲めば　よく眠れますよ。
　(22)　ここに電話すれば　すぐに荷物を取りに来てくれます。

16.2.3　警告の(ナイ)ト/ナケレバ、保障のバ

　バの後件には、悪い事態が来ないことがしばしば指摘されています。例えば、(23)の警告ではバではなくトを使います。これは「危ない」などのマイナス評価を示す述語の前では、バが使えないからだと説明できます。

　(23)　白線の外側に[出ると／?出れば]危ないですよ。

　逆にプラス評価を示す述語の前では、バを使ったほうが後件状態を保障するといった安心感がよく表せます。

　(24)　白線の内側に[いると／いれば]大丈夫ですよ。

　ただし、前件の必要最低限の条件が否定されると、後件も[−(大丈夫)]＝[危険]という意味構造になり、バによる警告も可能となります。

　(25)　白線の内側に[いないと／いなければ]危ないですよ。

　まとめとして、一般に警告にはト(またはナイト/ナケレバ)がよく、保障にはバを使うのがよいと言えます。トは保障というよりも経験上の必然性を述べる感じです。

すでに見たように、トの後件述語には表出や働きかけは来ませんが、バの文では条件付きで表出が可能です。そして、前件述語が状態述語であれば働きかけも来ることができます。下の例で確認してください。

(26) 切符が手に [*入ると / 入れば] 行くつもりです / 行きたいです。
(27) [*行きたいと / 行きたければ] 行きなさい / 行ってください。

16.2.4 前後関係を表すタラ、表さないナラ

タラとナラの共通点は、主節末のモダリティ制限を受けないことです。二つの形式の最も大きな違いは、時間の前後関係が絡んでいる時に見られます。

タラは前件と後件の継起的な依存関係を表します。つまり、前件と後件にある出来事の時間的前後関係が明確な形式です。ナラにはこのような含意はありません。下の例では「食べたら」にすると、「食べた」後に「洗う」ことが明確です。従って洗う物は使った後の食器類であることがわかります。

(28) [食べたら / 食べるなら] よく洗ってくださいね。

もし「食べるなら」であれば、「食べる前」に洗う意味になります。ですから手とか、果物とか、今から使う食器類などになります。

ここで「食べる前」であることがわかるのは、ナラの性質のためではなく、その前にある動詞がル形だからです。というのは、ナラの前には(29)のようにタ形を置くことができ、その場合には「食べたら」と「食べたなら」は同じ意味になるからです。

(29) [食べたら / 食べたなら] よく洗ってくださいね。

つまり、ナラ節の仮定が過去のことについてなのか、未来のことについてなのかは、ナラの特性によるのではなく、使われている述語のテンスによって決まることになります。こうした事実からタラとは違って、ナラは前件と後件の時間の前後関係を表さないと言われています。

下の例は学習者によく見られる例ですが、意図した意味にはなりません。

第16章 条件表現(2) 仮定条件文

(30) 日本に[*行くなら / 行ったら]辞書を買います。
(When I get to Japan, I will buy a dictionary.)

「日本に行く」→「辞書を買う」という継起関係を表すには、タラを使わなくてはなりませんのでナラは不適格です。しかし、英文では「行ったら」に相当する部分が"get"と現在形になっているため、ここで過去形を含むタラを使うのには、大分抵抗があるようです。もし「行くなら」とすれば、(31)が示すように「日本に行くこと」は単なる仮定の意味にしかなりません。また、(そこにいる間に)がないと辞書を買うのは日本に行く前か後かもはっきりしません。

(31) 日本に行くなら(そこにいる間に)辞書を買います。
(If I'm going to Japan, I will buy a dictionary (while I'm there).)

下の例も類似の誤用です。

(32) 明日雨が[*降るなら / 降ったら]試合は中止です。
(The match will be cancelled if it rains tomorrow.)

(33) 十時に[*なるなら / なったら]出かけます。
(We will leave when the clock strikes 10.)

上の例ではどちらも前件に引き続いて後件も起こるという意味ですので、タラを使わなくてはなりません。ただし、タラの意味は(32)では if ですが、(33)では when の意味です。十時になるかどうかは自明の理で、if を使うことはできません。

16.2.5 話題を取り上げるナラ

ナラのもう一つの大きな特徴は、先行の文脈にある話題を取り上げ、それについて述べ立て、表出や働きかけなどをすることです。下の(35)は前文にある発話から「(おいしい)すし(を食べること)」を話題として、話を展開している例です。B1は名詞(＝すし)、B2は動詞句(＝すしを食べる)、B3はタイ形容詞句(＝すしが食べたい)など、取り上げ方も様々です。

(34) A：すしが食べたいなあ。
(35) B1：すしなら江戸寿司がおいしいですよ。
　　　B2：すしを食べるなら江戸寿司の中トロが最高だよ。
　　　B3：すしが食べたいなら江戸寿司に行こうか。

16.2.6　タラ、バ、ト

この三つは、前件の出来事と後件の出来事が継起的に起こる場合によく同じ環境で使われます。ただし、トは後件が述べ立ての時だけに限られます。下の例では(36)だけが述べ立てで、(37)は表出、(38)が働きかけです。

(36)　春に[なったら / なれば / ?なると]また花が咲くでしょう。[2]
(37)　仕事が早く[終わったら / 終れば / *終わると]軽く飲んで帰るつもりです。
(38)　何か[あったら / あれば / *あると]電話してください。

上の例でタラとバは、ほぼ同じ意味です。しかし、前件の述語が動態動詞の場合には、バは後件述語に許可以外の働きかけのモダリティをもつことができません。(39)と(40)ではこの理由のために、バは不適格となります。

(39)　山田さんに[会ったら / *会えば]よろしく言ってください。
(40)　仕事が[終わったら / *終われば]すぐ帰ったほうがいいです。

16.2.7　四つの形式全てが使える時

これは、述べ立て文(トを残すため)で、時間の前後関係を問題にしない(ナラを残すため)場合に限られます。

(41)　車が[あると / あれば / あったら / あるなら]誰でも簡単に行ける。
(42)　数字に[強いと / 強ければ / 強かったら / 強いなら]その会社は入りやすい。

---

[2] (36)の「なると」は話し言葉としては違和感があるかもしれません。書き言葉と考えると許容性がやや高くなると思われます。

第16章　条件表現（2）仮定条件文

16.3　反事実仮定条件文

　反事実仮定条件文とは、事実に反する事態を仮定した上でその結果を述べる文です。現在の事実に反する文と、過去の事実に反する文があります。(1)は前者で、後件が表出のためにトを使うことはできません。

(1)　車が［あれば / あったら / あるなら /*あると］今すぐにでも帰りたい。（現在の事実＝今、車がない。）

　下の例は、過去の事態が結果として及んでいる例です。後件述語が述べ立て文ですからトの使用も可能です。時間の前後関係が必要ですので、ナラは使えません。

(2)　あんな車を買って［いると / いれば / いたら /*いるなら］今ごろは大変なことになっていたところだ。（過去の事実：車を買わなかった、現在の事実＝大変なことになっていない）

　(3)は話し手が望む過去の反事実を表します。こうした文では、よく願望を表す「のに」が使われます。ここでも上と同じ理由でナラは使うことができません。

(3)　ジョンも来て［くれると / くれれば / くれたら /*なら］よかったのに。

　上の例は反事実仮定条件文の場合も、後件述語のモダリティが文法性を制限していることを示しています。反事実仮定文は、実際には起こらない事態の表現です。従って、発話自体が行為となるような働きかけのモダリティ（命令、依頼、勧誘、禁止など）が後件に現れることはありません。

16.4 指導上のポイント

　条件文は最も難解な学習項目の一つです。最初の事実条件文と仮定条件文の区別からすでにつまづいている場合がよくあります。これは、一つには従来の参考書が違いを認めながらも、二つの条件文タイプを明確に分けて提示しなかったことと関係していると考えられます。それで本書では、最初から章を別に立てて説明してきました。

　仮定条件文は、後件述語のモダリティを主軸にして指導するのが有効です。まずトと残りの三形式を区別します。次にタラとバが共に使える環境を見ていき、その後に「動態述語＋バの制限」に進み、最後は時間的前後関係を理由としたタラとナラの区別をする、という手順で指導します。しかし、なにぶん、覚えることが多いので、一度に四形式を同時に導入する必要はありません。ただ、これら四つの形式はよく同じ環境で使われますので、導入する際は一つの形式だけではなく、違いがわかるようにペアで提示する方が有効です。

第16章 まとめ

16.1 四形式を使い分けるための要点

- 主節末のモダリティ、働きかけのモダリティによる制約、表出のモダリティによる制約、前件と後件の時間的前後関係

＜主節末のモダリティ＞

- 述べ立て、表出、働きかけの三種
- 述べ立てのモダリティはどの条件形式でも許容する
- 表出/働きかけのモダリティは制約がある，タラとナラは制約を受けない

＜働きかけのモダリティによる制約＞

- トとバは不可/バは条件付で可
  - 前件が状態述語であれば「バ+働きかけ」が可「安ければ買いなさい」
  - 前件が動態述語でも「バ+許可」は可「ご飯を食べれば遊びに行ってもいいよ」

＜表出モダリティによる制約＞

- トは不可、バは条件付で可
  - 前件(動態動詞+バ)+後件(意志の表出モダリティ)の場合は同一主体でなければ可

＜前件と後件の時間的前後関係＞

- ナラは前件と後件の時間的前後関係を表さない
  「東京に[来るなら/来たら]電話ください」
  「卒業[したら/*するなら]貿易会社に就職したい」
  （ナラは前後関係が表せないので）

16.2 四形式の使い分け

- 主節末のモダリティに注目
- 述べ立て文で使えるもの：全て
- 表出文：ト以外全て、動態述語+バは制限付きで可
- 働きかけ文：ト、「動態述語+バ」以外全て、動態述語+バは条件付で可

16.3 反事実仮定条件文

- 事実に反する事態を仮定した上でその結果を述べる文
- 後件に発話行為的な働きかけのモダリティ（命令、勧誘など）はこない

16.4 指導上のポイント

- 後件述語のモダリティを主軸に区別する
- 四形式を同時に導入する必要はない
- 違いがわかるようになるべくペアで導入する

参考文献

〈和文〉

市川保子（1997）『日本語誤用例文小辞典』凡人社.

金田一春彦（1976）「国語動詞の一分類」金田一春彦（編）『日本語動詞のアスペクト』pp.5-26, むぎ書房.

工藤真由美（1995）『アスペクト・テンス体系とテクスト──現代日本語の時間の表現──』ひつじ書房.

ソルヴァン、ハリー・前田直子（2005）「「と」「ば」「たら」「なら」再考」『日本語教育』126, pp.28-37.

田野村忠温（2004）「現代語のモダリティ」北原保雄（監）・尾上圭介（編）『朝倉日本語講座6：文法Ⅱ』pp.215-234, 朝倉書店.

寺村秀夫（1982）『日本語のシンタクスと意味Ⅰ』くろしお出版.

寺村秀夫（1984）『日本語のシンタクスと意味Ⅱ』くろしお出版.

寺村秀夫（1992）『寺村秀夫論文集Ⅰ』くろしお出版.

寺村秀夫（1993）『寺村秀夫論文集Ⅱ』くろしお出版.

仁田義雄（1989）「現代日本語文のモダリティの体系と構造」仁田義雄・益岡隆志（編）『日本語のモダリティ』pp.1-156, くろしお出版.

仁田義雄（1991）『日本語のモダリティと人称』ひつじ書房.

仁田義雄（1997a）『日本語文法研究序説 ──日本語の記述文法をめざして』くろしお出版.

仁田義雄（1997b）『日本語文法　体系と方法』ひつじ書房.

仁田義雄（2000）『文の骨格』岩波書店.

日本語記述文法研究会（2003）『現代日本語文法4　第8部モダリティ』くろしお出版.

野田春美（1995）「ノとコト──埋め込み節をつくる代表的な形式」宮島達夫・仁田義雄（編）『日本語類義表現の文法（下）：複文・連文編』pp.419-437, くろしお出版.

野田尚史（1989）「真性モダリティをもたない文」仁田義雄・益岡隆志（編）『日本語のモダリティ』pp.131-158, くろしお出版.

前田直子（1995）「バ、ト、ナラ、タラ──仮定条件を表す形式」宮島達夫・仁田義雄（編）『日本語類義表現の文法（下）：複文・連文編』pp.483-495, くろしお出版.

益岡隆志(編)(1993)『日本語の条件表現』くろしお出版.

益岡隆志・田窪行則(1992)『基礎日本語文法　改訂版』くろしお出版.

南不二男(1998)『現代日本語文法の輪郭』大修館書店.

宮崎和人・安達太郎・野田晴美・高梨信乃(2002)『モダリティ』新日本語文法選書4　くろしお出版.

森田良行(1989)『基礎日本語辞典』角川書店.

森山卓郎(1988)『日本語動詞述語文の研究』明治書院.

〈英文〉

Fromkin, Victoria, Robert Rodman and Nina Hyams (2003) *An Introduction to Language.* Boston, MA: Wadsworth.

Jorden, Eleanor Harz and Mari Noda (1987) *Japanese: The Spoken Language Part1.* New Haven: Yale University Press.

Kuno, Susum (1973) *The Structure of the Japanese Language.* Cambridge, Mass.: MIT Press.

Lyons, John (1995) *Linguistics Semantics.* NY: Cambridge University Press.

Makino, Seiichi (1969) *Some Aspects of Japanese Nominalizatoins.* Tokyo: Tokai University Press.

Makino, Seiichi and Michio Tsutsui (1986) *A Dictionary of Basic Japanese Grammar.* Tokyo: Japan Times.

Palmer, F. R. (2001) *Mood and Modality.* NY: Cambridge University Press.

Takubo, Yukinori (2006) Conditional Modality in Japanese. A Keynote Speech in International Conference on Revisiting Japanese Modality, SOAS, University of London, June 2006.

Tsujimura, Natsuko (1996) *An Introduction to Japanese Linguistics.* Cambridge, Mass.: Blackwell Publishing.

索引

A
+ animate　33
- animate　33

D
demonstratives　49
dictionary form　39

E
exhaustive listing GA　32

G
giving-receiving expression　157
giving verb　157

L
logograph　24

M
mora　22

P
particles　30
phonetic symbol　24
pitch 言語　23
PLACE　124, 125
plain form　39

R
receiving verb　157

S
stress 言語　23

W
When/While の訳し方　190, 199

あ
アイダ　192, 199
アイダニ　192, 193, 199
アスペクト　10, 43, 77, 80, 82, 83, 89, 103
　思考動詞　90
　習慣的反復　95
　主語一人称の規制　91
　主体変化動詞　93
　受動的　88
　状態動詞　82, 83, 84, 85, 87
　所有の動詞　82
　存在動詞　82
　知覚動詞　82, 83, 86, 87

い
因果関係を表すテ形　193

う
ヴォイス　9
有情［+animate］　126

え

演繹的推論　111, 112

お

音の高低(pitch)　23, 30
音韻　1
音読み　25

か

が
　総記　68, 76
　中立叙述　68, 76
格助詞(case marker)　7, 30
仮説的推論　111, 112
活用語尾　19
活用・変化(conjugation)　32
仮定条件文　202, 203, 211, 213
　時間的前後関係　216
　主節末のモダリティ　213, 214
　状態述語　215
　状態述語＋バ　217
　使い分けるための要点　213, 226
　同一主体不可の制約　216
　動態述語＋バ　217
　モダリティによる制約　215
　四つの形式が使える時　223
　四形式の使い分け　217
可能性　121
仮名　24
カモシレナイ　121
カラ　194, 195, 198, 199
　使うべきではない場合　196
　カラとノデの使い分け　195
間接情報　114
眼前現象描写文　207
感動詞　18

き

擬似条件文　202, 203
基本的語順　30
客体の動き　92
客体変化　92
客観的推論　110, 111, 112

く

訓読み　25

け

継起的　191
敬語表現(honorific expression)　171
　規則形　175
　謙譲表現(humble-polite)　171, 172, 173, 176
　謙譲表現の規則形　174
　謙譲表現の補足形　174
　ゴザイマス　175
　尊敬表現(honorific-polite)　171, 172, 176
　尊敬表現の規則形　173
　尊敬表現の補足形　173
　丁寧表現(neutral-polite)　171, 172, 174, 176

索引

丁寧体(polite forms) 174
形態素 19
形容詞 17, 33
    イ形容詞 33, 38
    感情・感覚の形容詞 38
    感情形容詞 36
    修飾機能 34, 38
    述語機能 34, 38
    属性形容詞 35, 38
    ナ形容詞 33, 38
形容詞文 33, 38
現象描写文 69, 206

こ

語幹 19
語順 25, 26
コソアド 49
コト 179, 181, 186
コトガデキル 183
コトニナル 183
語の省略(ellipsis) 27, 30

し

使役表現(causative) 147
    意志自動詞の使役文 151
    格表示 149, 150, 155
    強制的な使役(make-causative)
        148, 150
    許容・放任的な使役(let-causative)
        148, 150
    使役受動文 151, 155
    使役文ができない動詞 153, 155
    自動詞の使役文 150, 155
    他動詞の使役文 149, 155
    短縮形 149
    動詞の使役形 148
    非意志自動詞 150
使役文
    受動文 151
シオエル 101
指示詞 18, 49, 56
    述語の代用 53, 56
    ソウスル 53
    ソウダ 53
    代名詞 49
    代用形 54
    動詞の代用 56
    場面指示 51, 56
    文脈指示 51, 54, 56
    「名詞+ダ」の代用 56
    連体形 50, 56
    連用形 50, 56
事実条件文 201, 202, 204, 211
    経験の主体 205
自然界の必然 110
使命的・義務的必然 110
修飾語 14, 15
    連体修飾語 14
    連用修飾語 15
従属節 16, 186, 189
    継続を表す述語と従属節 199
    形容詞述語 189

索 引

　　状態動詞　189
　　変化動詞　189
　　名詞述語　189
従属節のテンス　199
主観的推論　110, 111, 112
主語　26, 71
授受表現　157
　　アゲル　157, 159, 162, 164, 170
　　イタダク　163, 164
　　一人称扱い　161
　　内向き　158
　　クダサル　163
　　クレル　159, 160, 163
　　サシアゲル　163, 164
　　外向き　158
　　テアゲル　164, 165, 166, 170
　　丁寧さのレベル　163, 170
　　テクレル　164, 166, 167, 170
　　テモラウ　164, 165, 168, 170
　　話し手の視点　160
　　モノが内向き　158
　　モノが外向き　159
　　モラウ　157, 159, 160, 161, 162, 163, 164, 170
　　モラウと共起する助詞　170
　　ヤル　163
主体　86
主題(topic)　31, 64
主題化(topicalization)　75, 123
主体動作　92
述語　6, 14, 18, 26, 66

状態述語　66
制御可能　208
制御不可能　208
受動文　133
　　移動経路　143, 145
　　格表示　136, 145
　　間接受動文(indirect passive)　133, 135, 141, 143, 145
　　客体授受　141, 143
　　授受　145
　　受動文ができない動詞　140, 145
　　受動文になじみにくい動詞　141
　　相互動詞　143, 145
　　第三者の受身　133, 135, 136
　　直接受動文(direct passive)　133, 134, 140, 141, 143, 145
　　動作主　134
　　動詞　143
　　動詞活用　136
　　どんな時使うか　138, 145
　　非意志　140, 142, 145
　　まともの受身　133
　　迷惑受身(adversative passive)　135, 139
　　持ち主受身　133, 135
　　有意志　140, 142
条件表現　201, 213
条件文　201, 211
　　過去の「述べ立て文」　211
　　仮定条件　213
　　後件述語の非制御性　211

索　引

主語人称　211
タラ、ト、バ、ナラ　201
　使い分け　211
　同一場面の原則　205
状態動詞の目的語　86
状態の対象　86
常用漢字　25
省略　28
助詞　17, 57, 76
　AトB　60, 62
　AモBモ　60
　AヤB　62
　XハYガ　74
　ガ　64
　格助詞　57, 58, 76
　ガの基本的機能　68
　カラ（starting point）　58
　機能　70
　シ〜シ　63
　シカ〜ナイ　60, 61
　終助詞　58, 63, 76
　主語　65, 86
　主題　65
　主題の範囲を限定するハ　66
　手段（means）を表すデ　59
　状態述語　72
　状態述語の対象　72
　焦点　70
　焦点化　70
　生理的感覚の場所　74
　接続助詞　58, 62, 76

　総記（exhaustive listing）のガ　68
　総主構文　74
　対比（contrast）　66, 67
　ダケ　60, 61
　タリ〜タリ　63
　中立叙述　70
　中立叙述のガ　68, 69
　使い方　70
　デ　59
　ト　58
　トイッショニ　58
　取り立て助詞　57, 60, 76
　ニ　59
　ネ　63
　ハ　64, 66
　「場所＋デ」（place of action/event）　59
　「場所＋ニ」（location）　59
　「場所＋ニ／ヘ」（to）　60
　「場所＋マデ」（as far as）　60
　ハとガ　76
　ヘ　59
　方角を表すニとヘ　59
　ホンノ　61
　マデ（until/as far as）　60
　マデニ（by）　60
　モ　60
　ヨ　63
　ヲ（point of detachment）　58
助動詞　17
所有の表現　126

索引

知る　98

す

推論　109
　客観的推論　109
　主観的推論　109
スピーチスタイル　28, 30
　丁寧体と普通体　28, 30
スルコトガアル　183

せ

制御可能　190
生物学的な必然　110
接続詞　18
接続節　186
接頭辞　19
接尾辞　19

そ

ソウダ　115, 116
　印象　115
　伝聞　115
存在の表現　123
存在文　71, 124, 131

た

タ形＋トキ　199
タ形＋トキの文　190
タコトガアル　183
他動性　45
タメ(ニ)　200

タラ　160, 190, 204, 209, 216, 217,
　　　221, 223, 226
　事実条件文　160
　事実条件用法　190
　非意志　190
タラト　205, 207, 208, 211
　後件述語の非制御性　208
　後件の主語人称　207
　使い分け　208
ダロウ　121
断定保留　121
単文　15, 177
談話　27
談話の文法　27

ち

直接情報　114

て

テアル　99, 100, 102, 103
テイク　102, 104
テイル　80, 103
　感覚動詞　82, 87, 103
　関係動詞　82
　感情動詞　82, 88, 103
　経験・経歴　98
　結果継続　95
　再帰動詞　93, 96
　思考動詞　82, 103
　動態動詞　82, 87, 92
　能動的な感情　88, 89

235

索　引

能力　82
反復的動作　94
非意志的　83
非意志の　87
必要　82
変化継続　95, 98
変化動詞　82, 95, 97
本文・本業　95
テイル形　43, 80, 94, 95
テオイタ　104
テオク　102
テクル　102, 104
テ形による理由表現　193, 199
テシマウ　101, 104
テンス　11, 12, 77, 103
　継続動詞　81
　結果の継続　80, 92
　従属節の　12
　瞬間動詞　81
　状態述語　78, 103
　第四種の動詞　81
　単文のテンス　77, 78, 103
　動作の継続　80, 92, 93
　動態動詞　79, 103
　複文の　12

と

ト　204, 209, 216, 217, 218, 219, 223, 226
トイウ　184, 186
動詞　17, 26, 39, 40, 44, 48

Consonant-verb　39, 40
Irregular verb　39, 41
non-past form　44
Non-stative V　43
plain form　40, 42, 44
polite form　40, 42, 46
Ru-verb　39, 40
Statitve V　43
U-verb　39, 40
Vowel-verb　39, 40
意志動詞　46, 48, 102
一段動詞　39
活用表　40
間接受動文　45
五段動詞　39, 40
三分類　39, 48
辞書形　39
自動詞　26, 44, 47, 48
自動詞文　44
状態動詞　43, 47, 48
タイプ　42
タ形　44
他動詞　26, 44, 48
直接受動文　45
丁寧体　40, 42, 46
動態動詞　43, 47, 48
非意志動詞　46, 47, 48, 102
不規則動詞　39, 41
普通体　39, 40, 42, 44, 46
マス form　46
見分け方　42

索　引

　　　ル形　44
同時　191
トキとタラ　190
時を表す名詞　199
時を表す名詞＋タラ　191

な
ナイト　220
ナケレバ　220
ナラ　216, 217, 221, 222, 226

に
ニチガイナイ　107, 108
　　互換性　113
　　使い分け　112
　　用法　108
日本語
　　音の特徴　30
　　言語音の特徴　21
　　社会言語学的特徴　28, 30
　　談話レベルの特徴　27, 30
　　表記の特徴　23, 30
　　文法的特徴　25, 30

の
ノ　179, 181, 186
ノ／コト　179, 182, 183
ノダ　117, 118, 119
ノダ／ワケダ　106
ノデ　194, 195, 198, 199
述べ立て文　206

ノやコト　180

は
ハ　31, 33
バ　219, 220, 223
拍（mora）　30
場所
　　PLACEの内部構造　125
場所表現
　　場所表現→存在文　123
ハズダ　107, 109
　　互換性　113
　　使い分け　112
　　否定　113
　　用法　108
派生語　19
バ節　215
ハとガ　37
反事実仮定条件文　203, 224
判定詞　17
判断文　206

ひ
比較
　　形容詞の比較　127, 128
　　副詞の比較　129
比較表現　127, 131
比況　115
非情［−animate］　126
必然　110
比喩表現　115

237

索　引

表意文字（logograph）　30
表音文字（phonetic symbol）　30
品詞　4, 13, 16

ふ

副詞　17
副詞節　187
　　継続を表す述語　189
　　従属節のテンス　187
　　目的　197
　　理由　197
複文　15, 177
　　nominalizer　178
　　引用節　178, 179
　　埋め込み文（embedded sentences）
　　　　178
　　間接疑問節　178, 186
　　逆接節　178
　　形式名詞　178
　　構造　177
　　従属節　177, 178, 186
　　主節　177
　　順接節　178, 186
　　接続節　177, 186
　　注意すべき連体節　183
　　副詞節　177, 179
　　並列節　177, 178, 186
　　補足節　177, 178, 186
　　名詞節　186
　　連体節　177, 179
物理的な必然　110

不適格文　5
文　4, 18
　　意味的二大成分　4
文化的・社会的必然　110
文法カテゴリー　9
文法関係　27

ほ

補語　6, 14, 18
補足語　7
補足節　186

み

ミタイダ　116, 117

む

無題文　68

め

名詞　17, 31
名詞文　31, 38
　　有情名詞　33
　　名詞文の活用　31
　　活用　31
　　総記のガ（exhaustive listing GA）　32
　　非情名詞　33
命題　4, 5, 6, 105, 121
　　必須成分　6

も

モーラ　22

目的語　26
もくろみの表現　100
モダリティ　4, 5, 13, 15, 91, 105, 121,
　　　　213, 215, 216, 217, 219, 223
　　event modality　106
　　propositional modality　106
　　意志 / 願望　105
　　印象のソウダ　121
　　カモシレナイ　106
　　勧誘　105
　　説明のモダリティ　117
　　ダロウ　106
　　伝聞のソウダ　121
　　ノダ　121
　　働きかけ　105
　　命令　105
　　ヨウダ　121
　　ラシイ　121
　　ワケダ　121

や

やり・もらい
　　受給表現　157

ゆ

有題文　65

よ

ヨウダ　114, 116, 117

ら

ラシイ　114, 116, 117

り

理由
　　カラ　195, 196
　　タメ（ニ）　197
　　ノデ　195, 196
論理的必然　109

る

〜ルマエ と 〜タアト　192, 199

れ

連体詞　18
連体節　186

わ

ワケダ　117, 118, 119
ワケデハナイ　119
ワケニハイカナイ　119
ワケハナイ　119

ん

ンデス　118

あとがき

　終わってみて、自分一人でできることがいかに限られているかを痛感しています。ここにたどり着くまで、多くの方々に助けていただきました。

　執筆初期の段階で、これから日本語教師になる人たちに必要と思われる内容を確認したいと感じておりました。この目的で2004年の夏に、コロンビア大学の夏学期日本語教授法・修士課程プログラム(Summer M.A. Program in Japanese Pedagogy at Columbia University)を参観させていただきました。この経験は内容構成を絞り込む上で大変参考になりました。その際に、プログラム・ディレクターであるプリンストン大学の牧野成一先生は、当方の参観申し入れをご快諾くださいました。ここにお礼申し上げます。

　かつてミドルベリー大学夏季日本語学校の同僚で、現在は立命館アジア太平洋大学の渋谷倫子氏には、初期の拙稿に対して詳細なコメントをいただきました。ありがとうございました。

　また、本書の中で多くの先輩諸氏の研究を引用させていただきました。ここに感謝の意を表したいと思います。

　くろしお出版の皆様には大変お世話になりました。福西敏宏、池上達昭の両氏には面談を通して、また編集・校正に関しても皆様に長い間お付き合いいただきました。毎回、丁寧に拙稿を読んでくださった市川麻里子氏には特に感謝いたします。さらに、初期の段階で拙稿の企画意図をご理解いただき、執筆の機会を与えてくださった副社長の岡野秀夫氏にお礼申し上げます。

　書き始めてからあっという間に数年が経ってしまいました。本人にとっては早くても家族にとっては長い月日であったことと思います。英文例に関してイェール大学在学中から今日までバイリンガルの目で詳細なコメントをくれた娘の紗羅と、いつもよき理解者でいてくれた妻の美知子に感謝します。

著者
2007年1月

著者略歴

富田 英夫 （とみた　ひでお）

1975年、慶應義塾大学法学部政治学科卒業
1986年、オハイオ州立大学大学院修士課程修了（専門領域：日本語学）
1988年、オハイオ州立大学大学院修士課程修了（専門領域：言語学）
1995年、オハイオ州立大学大学院博士課程修了 (Ph.D. 専門領域：言語教育学)
ケニオン大学外国語学部日本語科教授を経て、現在、ケニヨン大学名誉教授

夏季日本語講師歴

1987年、国際基督教大学
1989年、90年、インディアナ州立大学
1992年、96年、97年、98年、ミドルベリー大学

主要研究

- Identifying and explaining L2 learner's difficulties: A case of the Japanese particles WA and GA. Doctoral Dissertation, Ohio State University, 1995
- 「L2日本語学習者における『は』と『が』の習得―キューの対立が引き起こす難しさ」『世界の日本語教育』7号, 1997年
- 「大学生の知的レベルに合わせた日本語教育とテクノロジーの活用」『言語教育の新展開：牧野成一教授古稀記念論集』ひつじ書房, 2005年

教える前に確認しよう！
日本語文法の要点

2007年3月22日　第1刷発行
2018年5月15日　第5刷発行

著者	富田英夫（とみたひでお）
発行人	岡野秀夫
発行	株式会社　くろしお出版
	〒113-0033　東京都文京区本郷 3-21-10
	TEL 03-5684-3389　FAX 03-5684-4762
	URL http://www.9640.jp
	E-mail kurosio@9640.jp
印刷所	株式会社モリモト印刷
装丁	折原カズヒロ
担当・レイアウト	市川麻里子

© Tomita Hideo 2007, Printed in Japan
ISBN 978-4-87424-371-8　c2081

● 乱丁・落丁はおとりかえいたします。本書の無断転載・複製を禁じます。